お金の増え方は9割部屋で決まる

人生を豊かにするミニマリスト思考

Takeru《ミニマリスト》

ぱる出版

プロローグ
お金の不安から救ってくれたミニマリスト生活

本書を手に取っていただき、ありがとうございます。僕は2017年から「Minimalist Takeru」というユーチューブチャンネル（※1）で、「ミニマリストの暮らし方」や「片付け術」「節約術」などを発信しています。おかげさまでチャンネル登録者は14万人を突破し、累計再生回数が8700万回を超えた大きなチャンネルとなりました（2024年12月現在）。

「ミニマリスト」とは必要最少限のモノだけを持ち、無駄を排除してシンプルに暮らす人のことです。モノを少なく、暮らしをシンプルにすることで、余計なストレスや管理の手間を減らし、**「自由で豊かな時間」「経済的豊かさ」「心の余裕」**を得ることを目的としています。

しかし、多くの人たちが大量生産・大量消費社会で大量のモノを買い、いつの間にかモ

ノで溢《あふ》れた部屋に暮らすことが当たり前となりました。生活するのに必要なモノは十分あるはずなのに、物欲は止まることなく、毎月のように洋服や化粧品、日用品、収納やストックを買い漁る。当然、そんな暮らしをしていれば生活費は高くなり、お金は貯まるはずがありません。

あなたは今、このようなお金の問題を抱えていないですか?

- □ 貯金できない。
- □ 借金完済までの道のりが長くてしんどい。
- □ 節約がうまくいかない。
- □ 欲しいモノがありすぎてお金が足りない。
- □ お金がないから結婚や子どもを諦《あきら》めている。
- □ 子どもの学費や自分たちの老後が心配。
- □ 働き詰めの生活に疲れている。
- □ いくらお金を稼いでも、心が満たされない。
- □ いくら欲しいモノを買っても、すぐ心が満たされなくなる。

□ 何かに挑戦したいけど、金銭的理由でできない。

これらの悩みは僕が昔、モノが多かった20代前半に抱えていた悩みです。

2015年、僕は超貧乏生活を送っていました。難病の潰瘍性大腸炎が再発したその年は、仕事を失い収入がゼロに。1年間の自宅療養の末、貯金もゼロになりました。絶体絶命のピンチ。人生どん底。

そんな僕でもお金の問題を解決できたのは、紛れもなく、不要なモノを減らしてミニマリストになったからです。ミニマリストは、ただモノを手放すのではありません。**「自分にとって本当に必要なモノは何か」「何があれば十分なのか」を見極めることが重要なのです。自分にとっての「必要十分」がわかれば、必要以上にお金を使わなくなります。**

結果的に、毎月のようにモノを買い漁ることがなくなり、僕の毎月の生活費は10万円（一人暮らし）になりました。その後も、**結婚して夫婦二人暮らしになってからも生活水準は変えず、月20万円（1人あたり10万円）で生活。子どもが1人増えた今でもその生活スタイルは変わりません。**人生のどん底を味わった2015年から約10年が経ちますが、資産は順調に増え続けています。

僕はいくら稼ごうが、いくら資産が増えようが、ミニマリスト生活をやめることはありません。これから死ぬまで必要なモノだけで、質素で慎ましい生活を続けていきます。なぜなら、**僕たち家族はそれでも十分幸せに感じるからです。今以上に生活水準を上げる必要性を感じません。**

収入や資産が増えたからといって、また昔の僕のように贅沢《ぜいたく》な生活に戻ってしまえば、いつかは収入が下がり、貯蓄も減り、焦《あせ》りと不安が押し寄せ、金銭的にも精神的にも貧しい生活に逆戻りしてしまうでしょう。

「質素で慎ましい生活」は貧しく見られがちですが、実は安心感があり、堅実で、心豊かに暮らせます。病気で体調を崩そうが、収入が減ろうが、昔みたいにすぐ貯蓄が尽きることはありません。**地に足をつけた強い家計です。**

あなたは今、現状どうでしょうか？　生活費が高く、節約が苦手で貯金ができない人は**「お金がないと幸せになれない体質」**になっています。モノをたくさん買い、贅沢しないと幸せになれない。欲望はさらなる欲望を生み出し、欲に溺《おぼ》れていく。そして多くを求めるようになり、いつまでも心が満たされない「貧しい心」を作り出してしまいます。そして、より多くの収入が必要になり、働き詰めの生活になっていくのです。

あなたは今の生活に、不安や焦り、生きづらさ、暮らしにくさを感じていませんか？
心は本当に満たされていますか？

僕は多くを求めません。欲に溺れず今あるものに満足し、心豊かに生きたい。常に心を満たしていたい。モノは少なく身軽でいたい。スッキリした部屋で毎日快適に過ごしたい。家事ストレスを減らし、のんびりと過ごしたい。無理して働きたくないし、嫌なことはしたくない。好きなことだけして自由に生きたい。

僕は、ミニマリストこそ最強の節約術で、自由な生き方だと思っています。不要なものを削れるところまで削る。モノは必要以上に持たないし、必要以上に買わない。

でも、「好きなこと」「挑戦したいこと」にはお金を使う。だから、**節約生活を楽しみながら自然とお金が貯まる仕組みができるのです。**

あなたも、ミニマリストが得意とする「手放す」「減らす」「小さくする」「無くす」行動習慣を学べば、節約に大いに役立つはずです。しかも部屋が片付き、心まで豊かになる。信じ難いかもしれませんがこれは真実です。

本書では、ミニマリストが実践している節約術だけではなく、自由で豊かな時間を増やし、心まで豊かになるライフスタイルについて具体的に解説しています。単なる「お金を使わない節約術」ではありません。**部屋を整え、家計を整え、暮らし全体を整える術を本書に詰め込みました。**無駄を削り、必要なことにはお金と時間をかける。僕が約10年間で、堅実にお金を貯めてきた超実践的な方法を、本書で学んでみてください。

ミニマリスト Takeru
2025年3月

目次

第2章

お金が貯まる人は、なぜ部屋を整えるのか

第3章

貯蓄を増やす片付け術（STEP1）

第4章

ミニマリスト流で「家計の無駄」を見直す（STEP 2）

第5章

「暮らし」を整えると、「お金」も整う（STEP 3）

第6章 地に足をつけた堅実で強い家計に（STEP 4）

企画・編集：原田陽平
本文デザイン・組版：松岡羽（ハネデザイン）

第 1 章

モノで溢れるほど、経済的に困窮する

1

部屋の乱れは、家計の乱れ

収入が多かろうが少なかろうが、貯金できない人がいます。それが顕著に表れるのが「部屋の状態」です。**「部屋の乱れは家計の乱れ」と言うように、あなたの家計状態は部屋を見れば一目瞭然《いちもくりょうぜん》です。**それくらい、「家計の状態」と「部屋の状態」は密接に関係しています。

あなたの家にある1つ1つのモノは、「お金」が形を変えたものです。したがって、**モノを大量に所有している人は、それだけ財産を失ってきたことになります。**あなたの部屋には、どれだけのモノがあるでしょうか?

一般的な一人暮らしのスッキリした部屋には、1000個のモノがあるといわれています。それがモノが多い汚部屋《おへや》になると、2000個以上になるそうです。仮に1個1000円だとすると、100万円もの差が開きます。

これが三人家族、四人家族ともなれば、モノはもっと増えます。一般的には3000～5000個のモノがあると言われていますが、汚部屋の場合はそれ以上です。何年も、何十年もモノを溜め込んだ家であれば、1万個はあるでしょう。一個1000円と仮定すると1000万円にもなります。あなたはこれだけの金額を使ってきたという実感はありますか？

このように、**モノを増やせば増やすほどお金が減っていくのは当たり前のことですが、多くの人が「お金がない」「貯金が増えない」と嘆きながらも、モノを買い続けているのだから不思議です。**生活に必要なモノはすでにあるのだから、貯金を増やしたければモノを買わなければいいのに…と僕は思ってしまいます。

僕は人生のどん底を味わったあの日から、不要なモノを徹底的に減らし、100個以下のモノで生活できるようになりました。生活費が激減したことは言うまでもありません。

「100個のモノで生活できるわけない！」と思う人もいるでしょうが、僕たちが毎日のように使うモノは実は少ないのです。睡眠、食事、仕事、外出、趣味、勉強、掃除、入浴、体のケアなど、1日で使うモノは限られています。

もしよければ、あなたも「毎日使っているモノ」を数えてみてください。朝起きてから就寝するまで、毎日使っているモノが少ないことに気がつくでしょう。**本当に、1000個も2000個もモノが必要なのでしょうか？**

「今」の生活で実際に使っているモノは、多く見積もっても一人当たり200個ほどでしょう。それに加えて、「未来」のための備蓄とか、「過去」の思い出のモノを合わせても、必要なモノは300個以内（一人当たり）に収まるはずです。それ以上にモノを持ったとしても、結局使われずに収納に放置され、必要以上にお金を失っている可能性がとても高いのです。

ミニマリストはその真実に気づいています。だから、余計なモノは持たない。必要以上にモノを買わないのです。余計なモノを買わなければ、お金は自然と貯まります。**ミニマリストはモノの管理ができるから、お金の管理もできるのです。**

もしあなたの物欲が止められなければ生活費は高くなり、一生懸命働いてお金を稼がなければなりません。すると家事にまで手が回らなくなり、徐々に部屋が散らかり、汚れや埃《ほこり》も溜まっていきます。

モノが多く、散らかった汚部屋は最悪です。探し物や無くし物が日常茶飯事になり、同じようなモノが何個も増え、収納を買い足し、部屋が汚れやすいので掃除道具も増え、挙げ句の果てに収納力のある広い家に引っ越して家賃まで上げることになってしまいます。

つまり、**モノが多い暮らしは、「お金が貯まりにくい家計」になってしまうのです。**

あなたは今、このような状態になってないですか？

- 部屋がいつも散らかっている。
- 家の収納がパンパンで足りないと感じている。
- 無くし物、探し物が多い。
- 毎日の家事がストレス。家事を溜め込んでいる。
- 片付けても数日でリバウンドする。
- 「欲しい」と思ったらすぐに買ってしまう。
- 買い物が趣味になっている。
- 家にはストックや備蓄がたくさんある。
- 他人が持っているモノをすぐに欲しがる。
- 新商品が出るとすぐに買ってしまう。
- 安いモノを買っているはずなのにお金が貯まらない。
- 毎月使途不明金が多い。
- ここ数年で広い家に引っ越し、家賃が上がった。

どうでしたか? **当てはまる項目が多い人は、モノを過剰に買い過ぎた人であり、お金が貯まりにくい家計になっているので今すぐ改善が必要です。**一生懸命働いてもお金が貯まりにくく、その上、部屋も汚くなりがちなので生活満足度が下がってしまいます。

2 生活水準の上げ過ぎは、身を滅ぼす

ココがポイント!

- 部屋の乱れは、家計の乱れ。
- モノの管理ができれば、お金の管理もできる。
- モノが多い暮らしは、お金が貯まりにくい家計になる。
- 必要なモノだけ持ち、余計なモノを買わなければ貯蓄は増える。

あなたは「パーキンソンの第二法則」をご存知でしょうか？　**パーキンソンの第二法則とは、「支出の額は、収入の額に達するまで膨張する」という法則です。**つまり、収入が増えても貯蓄がなかなか増えないのは、この法則が働いているからです。人は誘惑に弱く、あればあるだけお金を使ってしまいます。

あなたにも心当たりはないでしょうか。収入が増えた途端、家賃の高い家に引っ越したり、いい車を買ったり、値段の高い服や腕時計を身につけたり、ブランド品を買うようになったり、贅沢な食事や旅行も増え、急に美容や娯楽にもお金をかけ始める。最近では、SNSでそういう投稿をよく見かけるようになりました。

もちろん、全てが悪いとは言いません。人それぞれ人生の楽しみ方は違うし、稼いだお金をどのように使おうが自由です。

ただ、**人間の欲望にはキリがなく、生活水準が上がってしまえば資産が増えにくくなるので注意が必要です。**そして、お金がかかる生活を維持するために、今よりも必死に働かなければいけなくなるのです。

僕にも似たような経験がありまして、収入が増えたことで財布の紐《ひも》が緩んだ時期がありました。家計管理が甘くなり、値段を気にせずお金を使ったり、見栄を張るために高い商品を好んで買ったり、あれこれとモノを買い、食費も増え、旅行頻度も増え、読みもしない本を大量に買い漁り、ただただ自分の欲求に従ってお金を使っていました。気づいたときには生活費が大幅に上がっていて、もうそのときは必死に仕事をしてましたね（苦笑）。

本当はそこまで必死に働きたくないのに、生活費が高いから仕方なく仕事をしている状態でした。本当に人間の欲というのは恐ろしいです。あなたも、昔の僕と同じようになってないでしょうか？

僕にもそのような苦い経験があるので、収入が増えれば贅沢したい気持ちもわかるし、欲しいモノをたくさん買いたくなる気持ちもわかります。お金を稼いだら使いたくなるのは、人として自然な欲求です。むしろ、支出を増やさないように徹底するのは、かなり難しいと言えるでしょう。

僕が「贅沢な生活」を改めることができたのは、あるとき限界を感じたからです。体調不良が頻繁に起こり、体はボロボロ。過労とストレスで爆発寸前でした。だから、生活を見直す必要があったのです。僕はすぐに家計を見直し、新たな暮らし方を模索し始めました。

そして、**「質素で慎ましい生活」**に辿《たど》り着いたのです。キッカケは「禅」について学んだことと、元ウルグアイ大統領のホセ・ムヒカさんの暮らし方や言葉に感銘を受けたからです。

禅には、**「少欲知足《しょうよくちそく》」**という言葉があります。**「ないものを求めず、今あるものに満足しなさい」**という意味です。僕は、節約をしながら心豊かに生きるには「これしかない！」と思いました。

贅沢な生活をしていた頃の僕は、今あるものに満足せず、足りないものばかり求めていました。だからいくらお金を稼いでも、いくらモノを買っても、心が満たされることがなかったのです。

つまり、**本当の豊かさとは足りないものを手に入れることではなく、今あるものに満足することだと気付かされたわけです。**

そして、元ウルグアイ大統領のホセ・ムヒカさんは、大統領のときの1ヶ月の給料は約100万円でしたが、そのうちの9割を貧しい人たちのために寄付し、手元に残った約10万円で生活していたそうです。このことから、ホセ・ムヒカさんは「世界一貧しい大統領」と言われるようになりました。

僕はこの暮らし方に魅了され、ホセ・ムヒカさんにまつわる本を読み漁り、3つの言葉に出会いました。

〝多くを求めず、必要なものだけで慎ましく暮らしなさい。
生きるとは、自由な時間を持つことだ。
欲に溺れてはいけないよ。〟

〝貧乏とは、少ししか持っていないことではない。
限りなく多くを必要とし、もっともっとと欲しがることだ。〟

〝私は自分の生活を貧しいと思ったことがない。
今あるものに満足しているだけなんだ。
私が質素でいるのは自由でいたいから。
お金がかかる生活を維持するために働くより、
自由を楽しむ時間が欲しいんだ。〟

僕はこの言葉に感銘を受け、**必要最少限のモノで暮らすミニマリストとして、質素で慎ましい生活をずっと続けています。**僕もホセ・ムヒカさんのように、心豊かに、自由を楽しみたいからです。

結果的に、我が家の貯蓄率はどんどん増えていきました。でも、僕は貯蓄がいくら増えようが関係ありません。今まで通りのんびり自由を楽しみながら、今あるものに感謝して、質素に慎ましく暮らすだけです。

ココがポイント!

▼収入が増えると、自然と支出も増える。
▼欲望にはキリがない。
▼生活水準を上げすぎると、体がボロボロになる。
▼多く求めすぎると、心もお金も貧しくなる。

3 突発的で予定外の出費は、浪費の元

お金が貯まらない人は無計画にお金を使ったり、突発的で予定外の出費が積み重なっている場合がほとんどです。たとえば、このようなことはないですか？

- 急にコンビニに立ち寄り、ご飯や飲み物を買う。
- 元々買う予定のなかったモノを買ってしまう。
- 急に外食に出かけることがある。
- 予算を大幅に超える買い物をすることがある。
- セール品を見つけるとつい買ってしまう。
- 無くし物の再購入が多い。
- 家にある物を使い切らず、新しい物を買ってしまう。
- 家族の「あれ買って」「これ買って」に渋々お金を払っている。
- SNS・TV・雑誌などで見かけた商品をすぐに買ってしまう。

このような突発的で予定外の出費が増えれば増えるほど、気づけば生活費がジリジリと高くなり、お金が減ってしまいます。原因は明確で、家計管理が甘く、衝動的にお金を使い、計画的なお金の使い方をしていないからです。そして、現実逃避するために家計簿と向き合うこともしません。

昔の僕も、生活費が高くてカツカツだった頃は、予定外の出費が多く、家計管理が甘くなってどんぶり勘定になっていました。これでは貯金できないのも納得です。

もしあなたが貯蓄を増やしたいのなら、毎日家計簿をつけ、予定外の買い物はせず、予算の範囲内で計画的にお金を使わなければいけません。

数字は嘘をつきません。数字は真実を教えてくれます。だから僕は、毎日家計簿をつけています。お金に変な動きがないか、予算の範囲内で生活ができているかを確認するためです。そんなふうに毎日数字と向き合うことで、堅実な家計になっていくのです。

その上、ミニマリスト生活を送ることによって、予定外の出費はさらに減っていきました。生活に必要十分なモノはすでに揃《そろ》っているので、物欲が刺激されることもありませんし、**消耗品や育児アイテムに関しても適正量を見極め、必要以上にモノを買うこともあり**

ません。

そして外出するときも、必要最少限のモノしか持ち歩かないので、忘れ物もないですし、疲れやストレスも溜まりにくく、外出先で余計な買い物をすることがなくなりました。

家族との思い出づくりに関する支出は、家族と相談して予定を立て、計画的にお金を使うようにしています。しっかり予算を立ててお金を使うので、月末にクレジットカードの請求額を見て驚くこともありません。

少々堅苦しいと感じるかもしれませんが、**僕は大事な財産を守るため、そして大切な家族を守るため、経済的な不安を感じないために、家計管理・財産管理をキチンと行なっています。**

ココがポイント!

- 気づけばお金が減っている人は、突発的で予定外の出費が多い。
- 数字は嘘をつかない。現実逃避せず家計簿と向き合うこと。
- 経済的な不安をなくすには、家計管理・財産管理が必須。
- 「必要十分」がわかれば、必要以上にモノを買うことがない。

4
「無駄」に気付かないのは、浪費家計の典型

多くの人が今もなお、「本当は買わなくてもいいモノ」を買い続けています。でも本人は、そのことに気づいていません。「無駄」とすら思っていないでしょう。

ですが本来、**「買わなくてもいいモノ」「持たなくていいモノ」を買うことは無駄遣いであり、貴重な財産を失うことでもあります。使いもしないモノを買うこと、必要以上にモノを買い込むことは、浪費家計の典型です。**

大量にモノを買い込めば、収納や物置に置き去りになり、いずれ存在すら忘れてしまうでしょう。**「無駄だった」「次から買い物で気をつけよう」と反省することなく、同じ失敗を繰り返し、家がモノだらけになってしまうのです。**

そして最悪なのは、モノが多いことが当たり前になってしまうことで、「余計なモノにお金をかけ過ぎている」という家計の問題点に気づきにくくなり、そして節約を面倒くさがり、家計改善が後回しになってしまうことです。

したがって、**部屋の片付けをすることは、いち早く「家計の無駄」に気付かせてくれる**

最高の手段になります。

たとえば、あなたの家はこのようなモノが増えてないでしょうか。

・大量の傘が家にある。
・買ってから数回しか着ていない衣類が何着もある。
・食器やカトラリーが大量にある。
・賞味期限切れの食材や調味料が家にある。
・大量の文房具を持っている（ペン、付箋、メモ帳、ハサミ等）。
・同じような衛生用品が何個もある（爪切り、綿棒、石鹸《せっけん》等）。
・消耗品のストックを山ほど買っている。
・ずっと積読《つんどく》になっている本が何冊もある。
・1年以上使ってないメイク用品が何個もある。
・便利グッズや家電、ガジェットを買ったけど全く使っていない。
・旅先で記念品を買ったけど、日常生活で使い道が見つからない。

もし当てはまるモノがあるなら、それは本当は買わなくてもよかった「無駄なモノ」かもしれません。**なぜこれらが「無駄」と言えるのか。それは、部屋を片付けてみればわかります。**

僕は今までに、何百件と汚部屋の片付けサポートを行なってきました。多くの人が手放していたのは、「ほとんど使ってないモノ」「複数なくてもいいモノ」「なくても生活に支障が出ないモノ」で、全所有物のうち7〜9割が「必要なかったモノ」だったのです。本来、そのぶんのお金が貯まっていたはずなのに、もったいないですよね。

僕も、過去10年間のミニマリスト生活で何千個と「必要ないモノ」を手放し、何千回と自分の買い物を反省してきました。だからこそ、「○○は買わない」「これ以上○○は持たない」と気をつけるようになりました。

このように、部屋の片付けをして無駄遣いを反省したからこそ、僕は家計全体の無駄にも気づくことができたのだと思います。

片付けは言わば、「無駄を見つける特訓」です。片付けで「必要」「不必要」の判断を何百回、何千回とすることで、家計の「必要」「不必要」を判断する力も鍛えることができます。

詳しい片付け方は第3章で解説しますが、片付けをしなければ僕たちは無駄なモノにも無駄な出費にも気づけません。節約をして資産を増やすには、まずは無駄遣いに気づくことから始めなければいけません。その手段の1つが、片付けなのです。

5 富を生むものに、お金を回していない

ココがポイント!

- 多くの人が、「無駄なモノ」「無駄な出費」に気づいてない。
- 必要以上にモノを買い込むのは浪費家計の典型。
- モノが多いと、家計の問題点に気づきにくい。
- 無駄遣いは、部屋を片付けることで反省できる。
- 片付けは、家計改善で必要な判断力も鍛えることができる。

資産を増やす上で重要なことは、富を生み出すものにお金を回すことです。**「富を生み出すもの」と聞くと、株や債券、不動産やゴールドなどの資産を思いつくでしょうが、「あなた自身」も含みます。**

あなたが健康でいることで一生懸命働くことができ、お金を生み出すことができます。さらには、仕事に役立つような知識や経験、スキルを身に付ければ、稼ぐ力を大きく高めることができるでしょう。つまり、**あなた自身も、富を生み出す大事な資産であることをまずは自覚しましょう。**

そして何より**「貧富の差」は、富を生み出すものにお金を回しているか、そうでないかの差でもあります。**昔の僕を例に出してみましょう。

以前の僕は、「富を生み出すもの」どころか、「富を減らすもの」ばかりにお金を使っていました。具体的には、住居費や通信費、光熱費、外食費、趣味娯楽費、被服費、日用品費などです。**いわゆる「消費」や「浪費」にお金を使っており、当然ながら富を増やすことはできません。**あなたもご存知だと思いますが、「投資」にお金を回さなければ資産を増やすことはできないのです。

僕が今まで順調に資産を増やすことができたのは、大きく3つのことにお金を回してきたからです。

①健康への投資
②自己投資
③インデックス投資

①健康への投資

僕は難病を持っているので、健康でなければ仕事ができず、お金を稼ぐことすらできません。僕はかつて難病が再発したことで大きく体調を崩し、収入ゼロ、貯金もゼロになった経験があります。

したがって、**僕にとって「健康」は何より重要な財産なのです。健康でなければ、富を生み出すことさえできません。**

僕は健康でいるために、健康的な食生活に切り替え、睡眠時間を十分確保し、毎日1時間以上の散歩を欠かさず行っています。

また、心の健康も大事だと思っているので、気分転換やリフレッシュに少しお金を使うこともありますし、家事ストレスを減らすために、乾燥機付き洗濯機や自動調理家電を購入して本当に良かったと思っています。

その結果、体調を大きく崩すことがなくなり、仕事で良いパフォーマンスを発揮できることが多くなりました。**長く健康でいることは、富を生み出す上でとても重要です。**

②自己投資

僕が自己投資で心掛けてきたのは、より実践的な知識や情報を獲得することです。何も考えず、ただ闇雲に読書やセミナー、研修、交流会に参加しても「投資貧乏」になってしまいます。実生活で活かさなければ何の意味もありません。

僕が自己投資にお金を使う際は「現状の悩みや課題」を明確にし、その問題解決に必要な情報やスキルだけ学ぶようにしています。だからすぐに実践しやすく、収入や資産を大幅に増やすことができました。

たとえば、僕が一番最初に取り組んだのは「片付け」や「節約」に関する書籍を読み漁ることです。当時の僕は、「部屋が汚く、無駄遣いをしていたこと」と「貯金が無かったこと」が問題だったので、その問題を解決するために本を読み漁り、学んだ内容をただひたすら実践しました。

他にも、副業で「ユーチューブを始めたい！」となったときも、「インデックス投資を始めたい！」となったときも、それに関連する本を何冊も読んで、読み進めながら実行に移しました。もちろん、発信活動している人やインデックス投資をしている人とも直接会って、リアルな体験談を聞けたことも非常に勉強になったと思います。

このように、**「自分が抱えている問題や課題」を解決するためにお金を使うことで、貯蓄率アップや収入アップ、資産増加が可能になるのです。**

③インデックス投資

自分1人の力では、資産を増やすのには限界があります。そこで、インデックス投資の登場です。詳しい説明は第6章で解説しますが、**お金を働かせることで、更なる資産拡大が期待できるのです。**

僕も妻も、iDeCo《イデコ》とNISA《ニーサ》という制度を使い、iDeCoは「楽天・全世界株式インデックス・ファンド」に、NISAでは「eMAXIS Slim《イーマクシス スリム》全世界株式（オール・カントリー）」に長期投資しています。生活防衛資金と直近で使う予定の現金だけ残し、しばらく使う予定のない余剰資金は全てインデックス投資に回しています。お金に働いてもらうのです。

もちろん暴落のリスクもありますが、「長期・分散・積立」でそのリスクを軽減できますし、平均利回りが3〜7％と言われているので、僕たち夫婦が65歳になる頃には資産が十分増えているはずです。

たとえば、毎月3万円を30年間積立投資した場合は、資産運用額が約2500万円になり（次ページ図1－1「金融庁　つみたてシミュレーター」より）、毎月5万円なら資産運用額が約4160万円になります（次ページ図1－2）。

図 1-1　毎月 3 万円を 30 年間積立投資した場合（年利 5%）

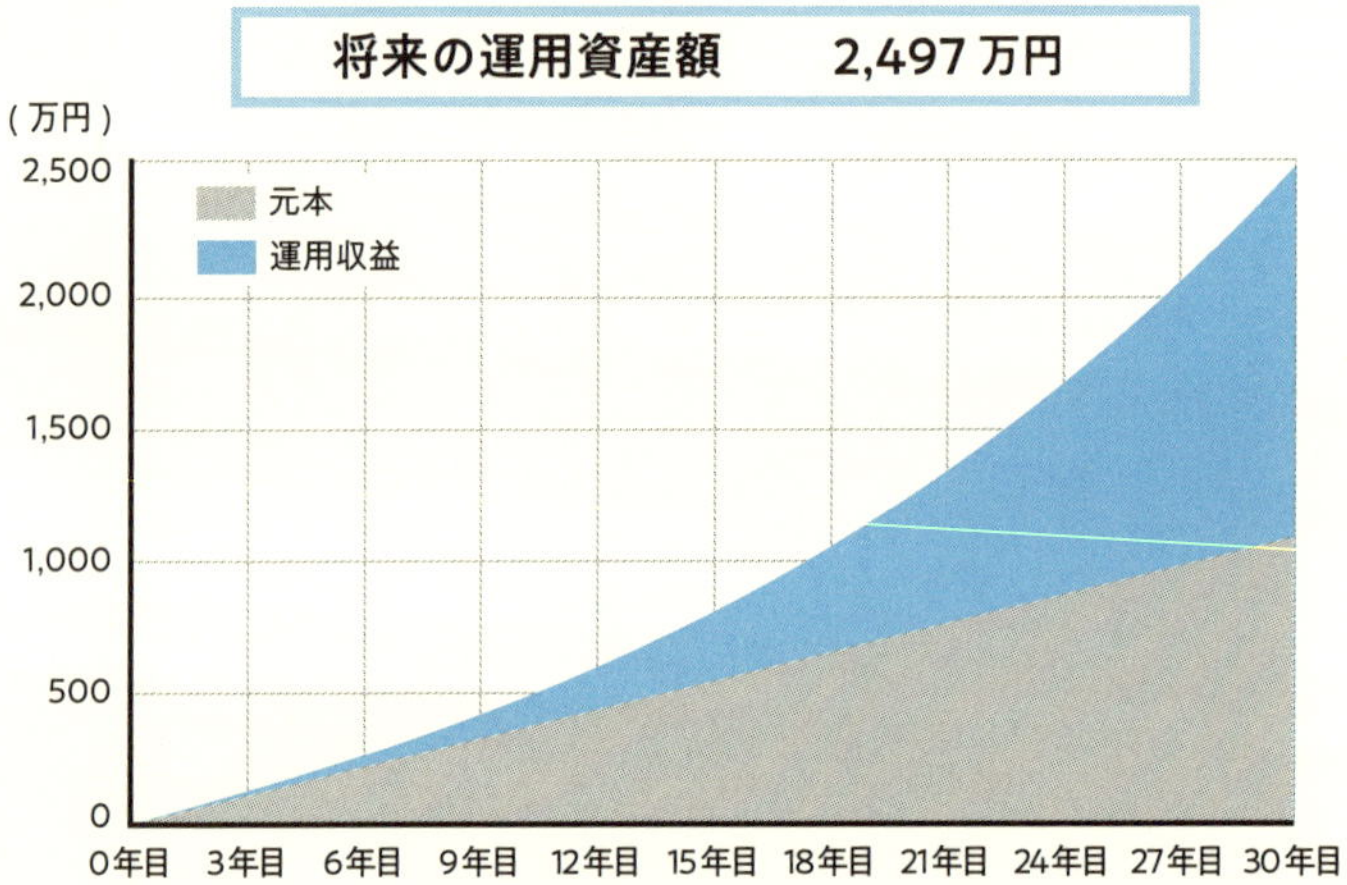

図 1-2　毎月 5 万円を 30 年間積立投資した場合（年利 5%）

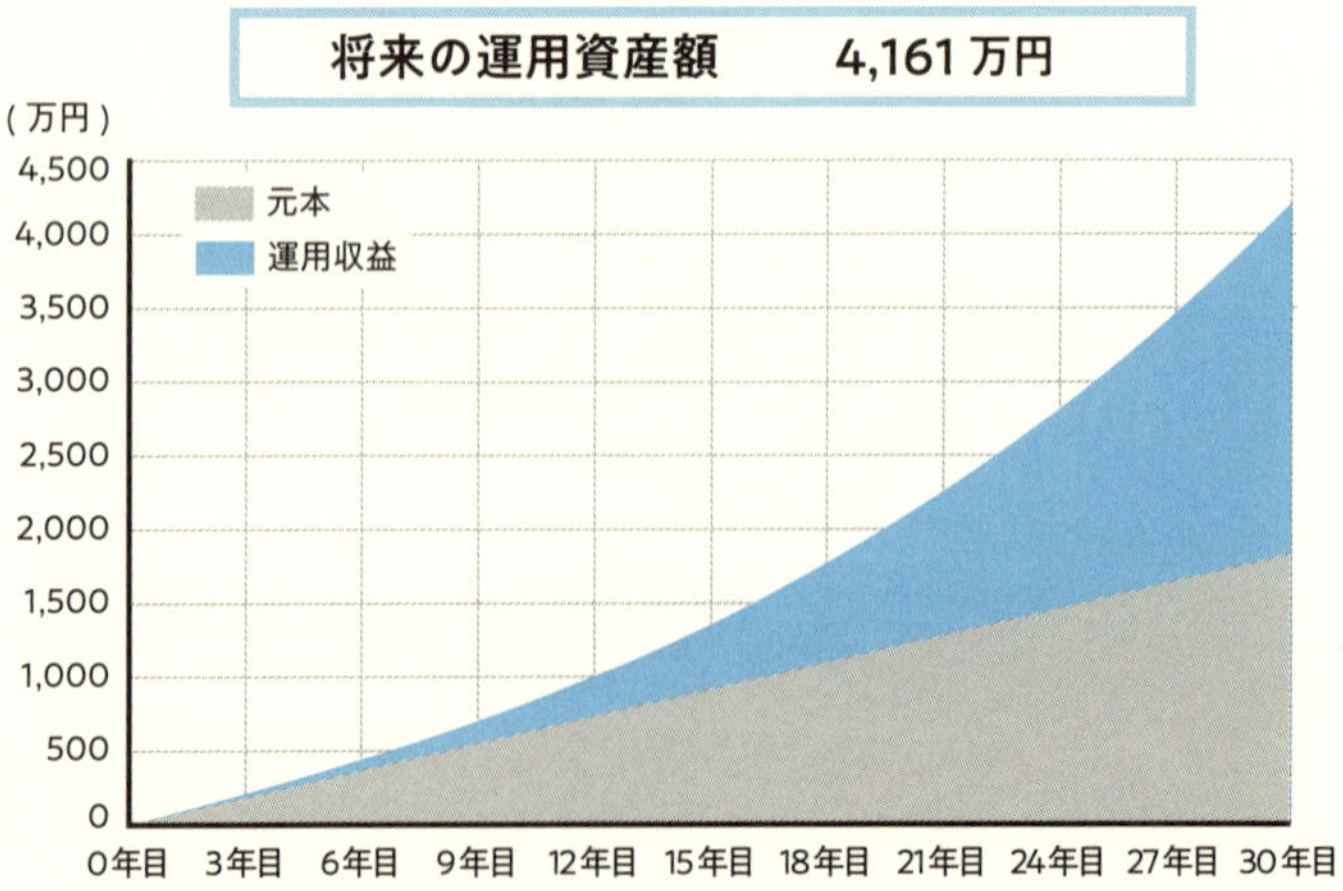

図1-3　夫婦で毎月10万円を30年間積立投資した場合（年利5%）

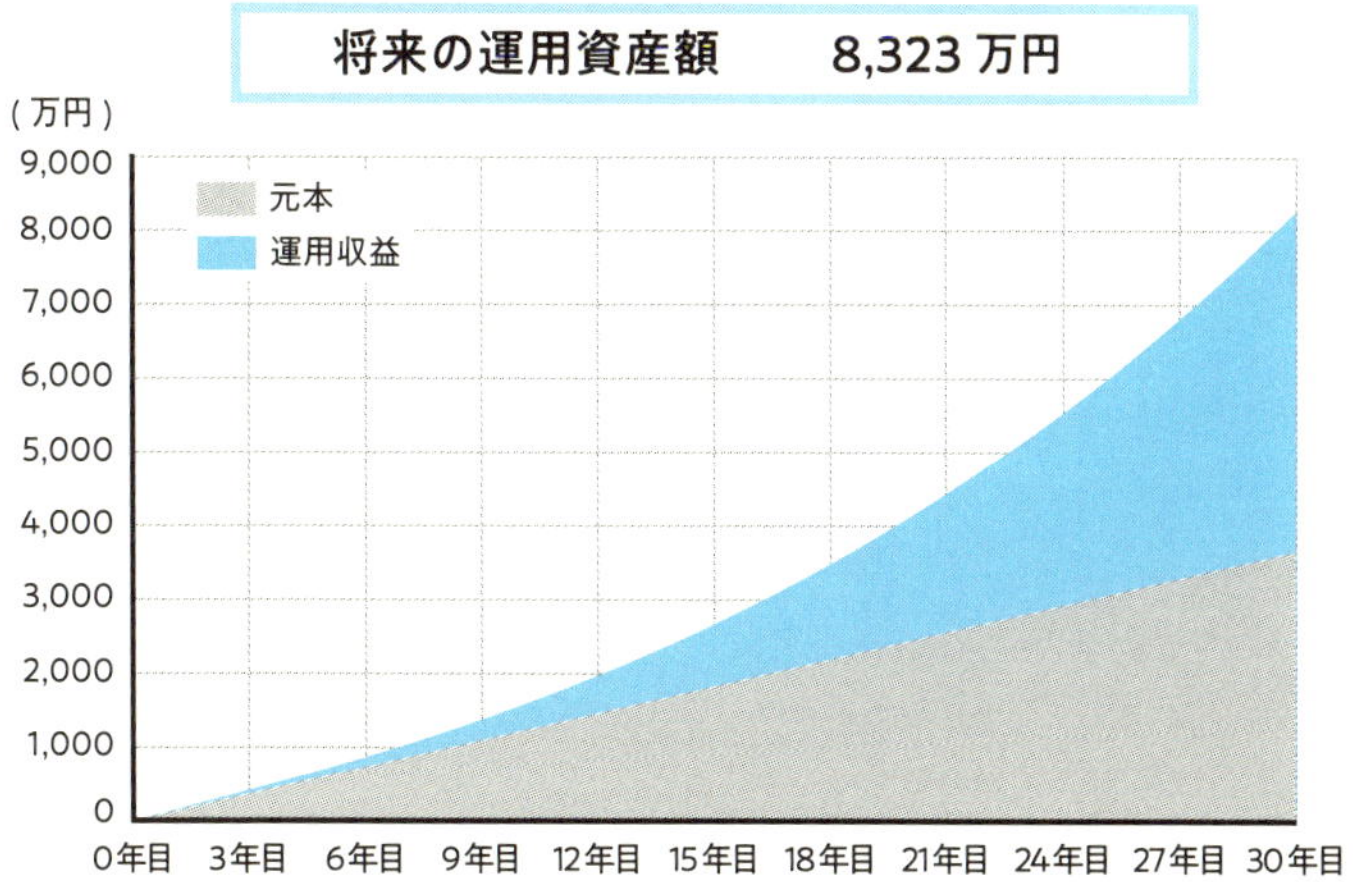

さらに、もし夫婦2人で毎月10万円を30年間積立投資した場合、資産運用額は約8320万円にもなります（図1－3）。

もしもあなたが老後まで必要以上に生活水準を上げなければ、老後はかなり安心できるのではないでしょうか。

結論、僕は不要なモノを徹底的に減らし、無駄な支出を削り、健康という財産を守りながら仕事に励み、生み出したお金は自己投資とインデックス投資に回しています。これが、僕が富を生み出すために構築したお金の流れです。

僕がこのミニマリスト生活10年間で貯蓄率を高め、資産を増やすことができたのは、「片付ける力」「節約する力」「稼ぐ力」「健康を守る力」「投資で増やす力」を高めることができたからだと思っています。
あなたは今、どの力が不足していると思いますか？　どの力を高めることができれば、富を生み出すことができるでしょうか。まずは自分の課題や問題を明確にしてから、何を学ぶのか、何を実践するのかを考えてみてください。

ココがポイント!

- 富を生み出すものにお金を回すべし。
- 消費や浪費は、貴重な財産を減らす。
- 健康でなければ富を生み出せない。
- あなた自身も、富を生み出す重要な資産。
- 「長期・分散・積立」で資産を増やそう。

第 2 章

お金が貯まる人は、
なぜ部屋を
整えるのか

1 整理されたスッキリした家ほど、お金が貯まる家計になる

なぜお金が貯まる人は、部屋を綺麗に整えると思いますか？　結論から言えば、**家全体をスッキリ整えることで経済的な不安を和らげ、お金が貯まる家計になるからです。**だから、毎日のように整理整頓や掃除をして、不要なモノがあれば手放し、そういう努力をしてでも部屋を綺麗に保ちたいのです。

普通なら、家事も掃除も片付けも、面倒くさくてやりたくないじゃないですか。僕も以前はそうでした。だから、お金も貯まらなかったのだと思います。**モノが多く、部屋が雑然としていて、無駄なことに時間とお金を使う生活で、富を生み出せるわけがありません。**

多くの人が不思議に思うでしょう。なぜ「ミニマリスト」なのか。なぜ、そこまでしてモノを減らすのか。理解できない人も多いはずです。

僕は２０１５年、病気で大きく体調を崩し、人生どん底の超貧乏生活から這《は》い上がって

きました。**モノを減らし、部屋を整え、家計を見直し、仕事に励み、投資をする。誰でもできることを淡々と積み上げ、僕は資産を増やしてきたのです。**何も特別なことはしてません。

子どもが生まれた今でもなお、モノは少なく、スッキリした部屋を保っています。僕がそこまでしてミニマリストにこだわる理由を、ここで解説したいと思います。

①家事ストレスが減る

家事が面倒くさいと思うのは、モノが圧倒的に多いからです。床の上にモノが多ければ、床掃除が面倒くさくなります。衣類が多ければ、洗濯物や衣替えがストレスに感じます。食器や調理器具が多くなるほど、食後の片付けが大変になります。

したがって、**必要最少限のモノで生活を回すことができれば、家事が圧倒的に楽になるのです。**僕は、モノを減らして家事を減らしたことで、心の余裕と、自由時間を生み出すことができました。

だから、**「家計の見直し」や「生活習慣の改善」もできたと思うし、仕事にも一生懸命取**

り組むことができたと思うのです。

でも、僕は決して家事が好きなわけではありません。できればやりたくない。だからこそ余計なモノを減らして、常に部屋を綺麗に整えています。そして、やりたいことに集中するのです。

②毎日気分良く暮らせる

「気分」というのは、日々の「やる気」や「体調」にも大きく影響します。気分が良い日は、なんでも前向きに頑張《がんば》れますよね。その一方で、気分が優れない日は何もかもやる気をなくす。なんなら体調も優れない。これは、誰でも普通のことだと思います。

昔、モノが多くて部屋が雑然としていた頃は、毎朝起きるのも憂鬱《ゆううつ》で、寝ても寝ても疲れがとれず、部屋も散らかっていてイライラするし、何もかも面倒くさくなって手を抜くようになりました。仕事の生産性もやる気も上がらないから、上司や周りから指摘されることも多くなり、余計に気分も体調も悪くなります。

すると、**目先の快楽を求めて物欲を満たすために散財したり、暴飲暴食するようになっ**

たり、ストレス発散でお金を使うようになりました。

だからこそ僕は、自分の機嫌を損なわないために、やる気が落ちないように、片付け・整理整頓・掃除を毎日行っています。

③余計なモノを買わなくて済む

不要なモノを手放し、部屋を整理しておくと「本当に必要なモノ」が明確になり、在庫管理もしやすくなります。だから、**余計なモノを買わずに済み、無駄使いを防ぐことができるのです。**

僕は、余計なことに大切なお金を使いたくはありません。**「必要なこと」にはお金を惜しみませんが、無駄なことには使いたくない。**そのために部屋を片付け、整理整頓をして、しっかり在庫もチェックすることが大事なのです。

④余計なことに思考と時間を奪われたくない

モノが増えると、余計なことまで考えてしまいます。掃除に片付け、洗濯に買い物といった家事のことだけではなく、「何をするか」「何から始めるか」とあれこれ迷ったり、必要なモノがどこにあるのか探し回ったり、無駄な時間が増えてしまうのです。

僕が部屋をスッキリ整理しておきたいのは、無駄なことに思考と時間を奪われたくないからです。目の前のやりたいことに頭を使いたいし、時間をかけたい。余計なことに惑わされたくないのです。

⑤問題をすぐに対処できる

人生には、問題やトラブルがつきものです。ただ、**部屋全体をスッキリさせ、お金の流れもシンプルにし、予《あらかじ》め余計なタスクを排除して時間に余裕をもっておけば、ちょっとした異変に気づきやすくなります。**

しかも、部屋が整っているおかげで、問題解決に費やせる時間や思考、金銭的な余裕もあります。だから、問題が大きくなる前に早いうちに対処できるのです。

モノが増えれば増えるほど、日々の家事やタスクに追われ、小さなトラブルもたくさん出てくるでしょう。家のことやお金のこと、人間関係のことや仕事のことなど、小さなトラブルが続々と出てくると余裕がなくなり、問題がどんどん大きくなってしまいます。そして、大きくなった問題には大きな出費が伴うものです。

だから、**身の回りを常にシンプルに整えておくことが重要です。シンプルさを追求し、身軽でいることは、たとえ問題を抱えたとしても少ない労力とお金で軌道修正しやすいからです。**

⑥環境が人を作る

良くも悪くも環境が人を作ります。環境が人の心に影響を与え、感情を動かし、行動を変えていくからです。

つまり、部屋が乱れれば心が乱れ、生活習慣も乱れていきます。逆に、**部屋が整えば心も整い、規則正しく健康的な生活習慣が可能になると僕は思うのです。**

僕は昔、仕事による疲労とストレスで、部屋は荒れ放題になっていました。ご飯はスーパーで買った惣菜《そうざい》や外食で済ませ、運動する余裕もなく、夜ふかしをして睡眠時間も短くなっていました。そんな乱れまくった生活をすれば、体調不良を起こしやすくなり、仕事で良いパフォーマンスを発揮できるわけがありません。

だからこそ僕は、そういう経験もあって部屋を毎日綺麗に整え、健康的で規則正しい生活を心がけています。体調を万全に整え、気持ちを前向きにし、仕事で良いパフォーマンスを発揮したい。そして、家族といつまでも元気に健康で、楽しく過ごしたいと願っています。

⑦挑戦の意欲が湧く

僕は、このミニマリスト生活10年間を通して、あらゆる挑戦をしてきました。

- 不要なモノを減らし、ミニマリストになる。
- 家計改善をして、貯蓄を増やす。
- 会社員をやめて個人事業を始める。
- 副業を始めて副収入を得る。

- ユーチューブで登録者10万人を突破する。
- １００人規模のミニマリスト交流会を何度も開催する。
- 所有物ゼロからモノを増やす「持たない暮らし実験」を行う。
- 日本全国を飛び回り、ミニマリスト１００人以上に取材する。
- 日本全国を飛び回り、片付けサポートを１００件以上行う。
- 余裕資金をインデックス投資に回す。
- 本を何度も出版する。

なぜ僕がこんなにも挑戦できたのか。それはモノを減らし、身軽になったことで「精神的余裕」「時間的余裕」「金銭的余裕」を手に入れたからです。

そして少しずつ実績を積み上げ、「自分にもできる！」「自分の人生には可能性がある！」と自信を持つことができたからこそ、行動力もどんどん上がっていき、アイディアも出やすくなって挑戦する意欲が湧いたのだと思います。

しかも、失敗してもリカバリーしやすくなります。ダメだったらダメで、またイチからやり直せる余裕があるのです。

2
部屋を片付けたら、格段に貯蓄スピードが上がる

ココがポイント!

- ▼部屋が整うと、家事ストレスが減る。
- ▼部屋が整うと、気分良く暮らせる。
- ▼部屋が整うと、余計なモノを買わない。
- ▼部屋が整うと、無駄なことに時間と思考を奪われない。
- ▼部屋が整うと、問題に対処しやすい。
- ▼部屋が整うと、生活習慣も整いやすい。
- ▼部屋が整うと、挑戦の意欲が湧き、行動力が上がる。

僕は部屋を片付けたことをキッカケに、貯蓄スピードが格段に早くなったことを実感しています。「部屋を片付けるだけで、そんなに変わるの？」と半信半疑になっている人もいると思いますので、僕の暮らしがどう変化していったのか、順を追って解説します。

①不用品を売って現金化できる

僕はまず、不用品を売ることに専念しました。当時は生活が困窮していたこともあり、不用品を売ることで生活の足しにするためです。あなたの家にも「使ってないけど売れるモノ」があるはずです。

［例］

貴金属、家具、家電、パソコンやスマホ、ブランド物、化粧品、洋服、着物、本、ＣＤ、ブランドモノ、子どものおもちゃ、ベビー用品、腕時計、ジュエリー、趣味のモノ、コレクション、ゲーム、アート、楽器など。

こうした不用品を売ることで、あなたは臨時収入を得ることができます。僕も今までに数多くの不用品を売ってきましたが、ミニマリスト生活10年間で百万円ほど現金化できたと思います。

②モノが少なくても生きられることに気づく

片付けを進めていくと、ほぼ9割近くのモノが不用品で、必要なモノはたったの1割でした。「あ、僕はこれだけのモノで生活できるんだ」と新たな発見になったのを今でも覚えています。

自分にとって必要なモノが明確になり、少しのモノで生活できることがわかると、物欲が激減し、買い物の際もモノ選びに慎重になります。1年後に捨てるようなモノは買いたくないし、また大変な思いをして片付けたくないからです。

だから結果的に質の高いモノだけが残り、家に残ったモノを長く愛用できる。余計なモノを必要以上に増やすこともありません。

③「必要」と「欲しい」を区別できる

僕は、片付けを通じて「必要なモノ」だけ残しました。だから、自分には何が必要で、何がなくてもいいのかを区別できるようになったのです。

「必要なモノ」とは生活に欠かせないモノで、それがないと不便になるモノ、生活に困るモノです。

たとえば、僕1人が生きるために最低限必要なモノを例に挙げるとご覧の通りです。

［例］

家具2点（イス1脚・テーブル1つ）、家電5点（エアコン・冷蔵庫・乾燥機付き洗濯機・照明・掃除機）、寝具5点（敷布団、掛け布団、枕、毛布、夏用冷感パッド）、服10着、ハンガー10本、肌着12点（夏用上下2組、冬用上下2組、夏用靴下2組、冬用靴下2組）、歯ブラシ1本、スマホ1台、手帳型スマホケース1つ、iPad1台、三脚1本、イヤホン1つ、充電ケーブル2本、ペン1本、リュック1つ、靴1足、傘1本、衛生用品5点（爪切り・耳かき・全身シャンプー・カミソリ・ハンドソープ）、タオル3枚、食器7点（茶碗・大皿・

小皿・コップ・箸・スプーン・フォーク）、調理器具6点（鍋・フライパン・ザル・包丁・まな板・おたま）、食器用洗剤、スポンジ、ウタマロクリーナー、クレジットカード1枚、健康保険証、マイナンバーカード、運転免許証、年金手帳、通帳、印鑑、家の鍵など。

合計88点。これらは僕にとって何一つ欠けてはいけません。ないと困るし不便になるからです。もちろん人それぞれ「必要なモノ」は異なりますが、そういう生活必需品は片付けのときには残すべきだし、買い替えが必要なら迷わず買うべきです。

その一方で、**「欲しいモノ」とは、なくても生活できるモノです。**たとえば僕の場合、腕時計やゲーム、手帳、財布などは今後買うことはないでしょう。現に、今もなくても生活できています。

そして、今以上の靴・鞄・洋服、食器や調理器具は必要ないし、今以上に「もっと欲しい」とはならなくなりました。

僕は買い物の際、「必要なモノ」は買いますが「欲しいモノ」は買いません。「欲しいモノ」はなくても生活には困りませんし、お金の無駄だと思うからです。

④「大事なもの」が失われていることに気づく

僕はモノを手放していくごとに、大事なものが失われていたことに気づきました。モノを増やせば増やすほどお金を失い、生活スペースも狭くなり、生活費が高くなったぶんだけ労働時間も長くなって、健康も家族との時間も失われていく。そして、自分のやりたいことを我慢して働かなければいけない。

つまり、**物欲に負けてモノを増やすと、「お金」「空間」「健康」「時間」「家族」「やりたいこと」を失うことに気づきました。**これこそ、本当にもったいないですよね。

だからこそ僕は、モノを必要以上に増やしたくない。なぜなら、**本人が気づかないうちに多くのものを失っているからです。僕は片付けを通して「モノより価値あるもの」に気づくことができました。**

⑤お金や仕事と真剣に向き合える

「モノ」は「お金」が形を変えたもの。片付けで1つ1つのモノと向き合ったことで無駄遣いしていることに気づき、家計簿を徹底的に見直しました。その結果、**当時1人暮らしで月10万円稼げれば生活できるようになったので、自分のやりたい仕事を自由に選ぶことができました。**

だからこそ仕事選びも真剣になったし、無駄に生活費を上げないようにお金にもシビアになりました。**生活費が高ければ転職するのもリスクが伴うし、好きな仕事だけで生活することはとても大変です。**

僕は今、自分の想いや経験談を多くの人に届けられる「ユーチューバー」という仕事を選び、今ではこうして5冊目の本を執筆しています。

もちろん、好きなことを仕事にできる人は一握りかもしれません。でも、**モノを減らしたことで時間的にも余裕が生まれ、生活費も必要最低限に抑えることで、最初は「副業」から好きな仕事に挑戦することができます。**

僕は運よく、好きなことを仕事にすることができました。自分の仕事に誇りを持てるようになり、日々満たされるようになったと思います。だから尚更お金を使わなくなりました。

なぜなら、**僕は稼いだお金を贅沢に使うために働いているのではなく、自分の仕事には**

やりがいがあって、楽しみながら働いているからです。つまり、必要以上に稼げたとしても贅沢なことに使う必要がないのです。

そして、運よく好きなことを仕事にできたからといって、収入がずっと右肩上がりで上がり続けるわけではありません。だからこそ僕は、**好きな仕事でお金が稼げているだけでもとても贅沢なことだと思うのです。**

⑥「引き算思考」になる

多くの人は何か問題が起こったときに、モノを買って解決しようとしたり、やることを増やして解決しようとします。これは**「足し算思考」**の特徴です。

その一方、**僕はミニマリストになったことで物事は「引き算」でも解決できることに気づくことができました。**これが**「引き算思考」**の特徴です。

たとえば、次のような問題が出てきたとき、あなたはどう解決しますか？

［例１］モノが多くてしまう場所がない。

足し算思考の人→新しい収納を買ってきて、モノを全部詰め込む。
引き算思考の人→不要なモノを減らして、収納にしまう。

［例2］生活費が高くなってしまった。

足し算思考の人→労働時間を増やす。もっと仕事を頑張る。
引き算思考の人→無駄な支出を削り、生活費を下げる。

一見、どちらも問題を解決できそうですが、**僕は断然、「引き算思考」をオススメします。なぜなら、「引き算思考」は誰にでもできる解決法だからです。「足し算思考」で物事を解決しようとすると、いずれ限界が来ます。**

僕はミニマリストになる前、すべての問題に対して「足し算思考」で対処していました。収納を増やし、仕事も増やして、やるべきこともどんどん増えて忙しくなっていく。お金も貯まらないし、毎日が忙しい。全然余裕ができなくて生活がずっと苦しい。最後の最後、僕は大きく体調を崩し、限界を迎えてしまったのです。

「引き算思考」ならどうでしょうか。**今の僕は、何か問題が起きたときは「何か減らせる**

ものはないか」と考えるようにしています。不要なモノや無駄遣い、日々のタスクやスケジュールだけではなく、人間関係や情報まで、優先順位の低いものからどんどん減らしていくのです。

そうすれば、「収納が足りない」「お金が足りない」「時間が足りない」「忙しい」「余裕がない」「ずっと生活が苦しい」といった問題を解決することができます。

⑦人生の目的が見えてくる

僕はミニマリスト生活で、優先順位の低い「モノ」や「支出」、「仕事」や「人間関係」、「タスク」や「スケジュール」、「情報」などたくさん手放してきました。

「手放す」とは、自分と向き合うことです。何を選び、何を削るか。選んだものは、自分にとって重要なもの。そして、手放したものは自分にとって価値が低いものです。つまり、多くを手放すと「自分にとって重要なもの」が見えてくるのです。

自分が好きなもの、嫌いなもの、やりたいこと、やりたくないこと、どう人生を生きたいのか、何を成し遂げたいのかまで、自分を深く理解できるようになります。

人生の目的が明確になれば、時間やお金の使い方がガラリと変わります。無駄遣いがなくなり、余計なモノを買わなくなり、人生の目的を果たすために仕事にも打ち込む。**だから、人生の目的がハッキリしている人は、貯蓄スピードが格段に早くなるのです。**

あなたは人生で何を成し遂げたいですか？　何を叶えたいですか？　どんな暮らしがしたいですか？　あなたの理想を叶えるためにも本気で片付けましょう。大事なものだけ身の回りに残すことで、それらが羅針盤《らしんばん》としてあなたを導いてくれるはずです。

ココがポイント!

- 不用品を売って現金化せよ。
- モノが少なくても、十分生活できる。
- 「必要」と「欲しい」は別物。
- モノが多いと、多くのものを失う。
- お金と仕事に真剣に向き合うべし。
- 「引き算思考」がすべての問題を解決する。
- 余計なものを削ぎ落とせば、人生の目的が明確になる。

▼人生の目的がある人は、格段に貯蓄スピードが上がる。

3
貧富の差は部屋で決まる！お金が貯まる部屋の３つの特徴

僕は、貧富の差は部屋で決まると思っています。第1章でも述べたように、「部屋の乱れは家計の乱れ」であり、「家計の乱れは部屋の乱れ」にもなります。つまり、**全く同じ年収だとしても、全く貯金できない家と、コツコツお金を貯められる家の違いは、部屋の状態を見れば一目瞭然です。**

では、お金を貯められる家はどんな部屋なのか。その特徴について解説したいと思います。まずは「お金が貯まる部屋」を目指しましょう。

①空間に余白があって開放的

お金をコツコツ貯められる家には、空間に「余白」があります。床や壁がモノで埋め尽くされることもなく、収納の中にもゆとりを持たせる。そんなふうに、**空間に「余白」を持たせることで、経済的な「ゆとり」も生み出すことができるのです。**

家計にゆとりがない人は、モノを過剰に持ち過ぎていないか確認しましょう。

・床の上にモノを置きすぎてないですか？
・壁にモノを掛けすぎてないですか？
・収納の中がモノで一杯になっていませんか？

モノを家の中に詰め込むほど、収納も家計も余裕がなくなってしまいます。まずは空間に余白をつくることから始めてみてください。

②旅館やホテルのようにリラックスできる

家の中でくつろげるか、リラックスできるかは重要ポイントです。もし家にいるだけでストレスが溜まるとか、心がモヤモヤするのなら危険信号です。なぜなら、それが結果的に浪費や散財を招いてしまうからです。

お金が貯まる人の家は、居心地がとても良いです。**ずっと家にいたくなるような部屋であれば、わざわざ外出してストレス発散することもなくなります。**そして、心身をゆっくり休ませることができ、気分転換もできて仕事にも打ち込むことができるのです。

あなたの家には、ストレスを与えるようなモノがありませんか？

- 家事の邪魔になるモノ
- 汚れているモノ
- メンテナンスが面倒なモノ
- 自分の体に合わないモノ
- 機能性が悪いモノ

こういったモノがあると家の居心地が悪くなり、そこに住む人の気分を下げ、散財することが増えてしまいます。だからお金が貯まらないのです。

まずは旅館やホテルのような、必要なモノだけを揃えたリラックスできるシンプルな部屋を目指してみてください。大事なお客様をもてなすように部屋を整えれば、そこに住む人の気分も上げてくれるはずです。

③お金に直結しているモノが整理されている

お金が増える家計かどうかを判断する上で、「お金に直結するモノ」が整理されているかどうかも重要なポイントです。

お金に直結するモノとは、財布や領収書、クレジットカード、銀行関係のモノ、印鑑、書類、契約書、仕事道具、仕事服、名刺、作業デスク、家計簿、仕事の連絡先やメールボックスなどです。

僕はお金の管理をキチンとしたいので、特にお金に直結するモノはキッチリと整理整頓しています。そうしなければお金の管理が行き届かなくなり、無駄遣いに気付けず、お金

を使うべきチャンスも逃してしまうからです。

あなたの家は、このようになっていないですか？

- 財布の中身がゴチャゴチャしている。
- 領収書やレシートが溜まっている。
- クレジットカードが３枚以上ある。
- 銀行口座が４つ以上ある。
- 銀行の届印が迷子になっている。
- 貴重品が家のどこにあるかわからない。
- なくてもいい書類を溜め込んでいる。
- 仕事道具が乱雑に扱われている。
- 作業デスクが汚い。
- メールボックスにジャンクメールが溜まっている。

僕も貧乏時代は、お金周りの整理整頓が全くできていませんでした。ただ、これだけはハッキリ言えます。**お金の管理が雑な人に、貧しい生活を抜け出せるわけがありません。**

だからこそ、お金に直結するものを整理し、大切に扱うことが大事なのです。

ココがポイント!

▼空間に余白があって開放的。

▼旅館やホテルのようにリラックスできる。

▼お金に直結するモノが整理されている。

第3章

貯蓄を増やす片付け術（STEP1）

1 片付けは最初にやるべき先行投資

きっとこの本を読んでいるあなたは、今までに何百冊と本を読み、自分磨きをしては一生懸命働いて、いろんな節約術も試して、お金を必死に貯めようとしてきた人だと思います。**それでも今、資産があまり増えていないのであれば、「片付け」から始めてください！**

もう一度言います。片付け〝から〟始めるべきです!!

正直、モノが多い状態で何をやっても焼け石に水で、ただただ時間とお金を無駄に溶かすだけです。昔の僕がそうでした。

たくさん本を読んで勉強はするけど、ただでさえやることが多すぎて手一杯だから、勉強したことを実践する余裕がない。お金がないから失敗も怖い。挑戦する勇気も出ない。無駄遣いが多いから、一生懸命働いても、いろんな節約方法を試しても、お金が全く貯まりませんでした。

片付けは、これらの問題をすべて解決してくれます。まずやるべきは「引き算（片付け）」

だったのです。

僕は、モノを減らしたことをキッカケに無駄遣いが激減し、生活費は月10万円になりました。そして夫婦二人暮らしになったときも、モノが少ない暮らしをしていたからこそ月20万円（一人あたり10万円）の生活水準を維持することができたのです（詳しくは第４章）。したがって、生活費が低いぶん、一生懸命働くほど資産は激増。その上、生活コストが低いので失敗への恐怖心が薄れ、何度も何度も新しいことに挑戦するようになりました。

さらに、モノが少ないことで時間的な余裕も生まれます。毎日何時間も勉強し、そして学んだことも必ず実践。そうやって色々なことを試しては失敗し、もがきながら小さな実績を地道にコツコツ積み上げてきた結果、今の僕がいます。

あなたも、資産拡大や仕事の成功を目指したいのなら、まず「片付け」に時間を投じるべきです。部屋が十分片付いた上で、無駄なことにお金を使わず、仕事に励み、自己投資をして実践と挑戦を繰り返しましょう。やることは非常に地味ですが、確実にあなたの成長スピードを上げ、お金を生み出してくれるはずです。

> **ココがポイント!**
> ▼汚部屋のままだと、時間とお金を無駄に溶かし続ける。
> ▼お金を増やしたいのなら、片付けから始めるべし。
> ▼部屋が十分片付いたら、地道にコツコツ実績を積み上げるべし。

2 お金が貯まる片付け術!
絶対守るべき3つの黄金ルール

ここでは、あなたに絶対守っていただきたい**「片付け黄金ルール」**をご紹介します。僕が10年間のミニマリスト生活で実践してきた片付けルールです。**このルールに従って片付けを進めていけば、確実にあなたの部屋はスッキリするのと同時に、お金が増えやすい家**

計になります。その黄金ルールは、たった3つです。

黄金ルール①　1年以上使っていないモノは手放す

まず一番最初に、家中の「1年以上使ってないモノ」を手放すことができれば、確実にあなたの家はスッキリするでしょう。しかも、無駄な買い物にも気づくことができるので、家計も少しずつ変わっていくはずです。**これがミニマリスト流の超シンプルな片付け術です。**

なぜ「1年」を基準に考えるのか。それは、**春夏秋冬を通して一度も使わなかったモノは、この先も使うことがないからです。**1年間出番がなかったモノには、出番がなかった理由が必ずあります。

たとえば、すでに同じようなモノを持っているとか、使い勝手が悪いとか、好みじゃない、体に合わない、使うタイミングがないなどです。そういったモノは、今後も使うことはないので手放した方が賢明です。手放したとしても生活には何の影響も出ません。生活が不便になることも、不自由になることもないのです。

むしろ、生活で全く使わないようなモノを大量に買い、家に溜め込む生活をしていたら、どう考えてもお金が貯まるはずはありません。

お金が全く貯まらない家には、1年以上使っていないモノが山ほどあります。もしかしたら、5年以上使っていないモノも出てくるかもしれません。

だからこそ、**本当に必要なモノを見極めるために、そして本気でお金を貯めるために、1年以上使ってないモノは〝必ず〟手放しましょう。**

黄金ルール②
「1軍・2軍・3軍」に振り分け、3軍のモノは手放す

僕は、家にあるモノは必ず**「1軍：よく使うモノ」「2軍：たまに使うモノ」「3軍：ほとんど使わないモノ」**で振り分けるようにしています。なぜなら、本当に必要なモノとそうでないモノが明確になるからです。

「1軍：よく使うモノ」「2軍：たまに使うモノ」に選ばれたものは、生活に必要なモノなので必ず残しましょう。誤って手放してしまうと生活が不便になってしまいます。

その一方で、**「3軍：ほとんど使わないモノ」は、なくても生活に困ることはありません。**
したがって、片付けるときは「3軍のほとんど使ってないモノ」から手放しましょう。

黄金ルール③　心の栄養になるモノは捨てない

心から大事にしたいと思える思い出のモノや、大切な人からもらった手紙やプレゼントなど、「心の栄養になるモノ」は捨てずに残しましょう。

ここで一番重要なのは、「心がどれだけ高鳴るか」「胸の奥深くにどれだけ響くか」です。これが「トキメキ」であり「心の栄養」です。頭で考えるのではなく、ぜひ心で感じてみてください。

たとえば、こういったモノは「心の栄養になるモノ」として残した方がいいでしょう。

- あなたの人生で最高に楽しかった経験TOP10
- あなたの人生にいい影響を与えたモノ
- 感動して大喜びしたモノ、感動して泣いたモノ

・念願の夢が叶ったときの記念品
・それを見るだけで、触れるだけで心が踊るモノ

片付けの本来の目的は、「精神的な豊かさ」「時間的な豊かさ」「金銭的な豊かさ」を手に入れることにあります。したがって、「心の栄養になるモノ」まで手放すことは、片付けの本質からズレてしまうので注意してください。

黄金ルールまとめ

▼「1年以上使わなかったモノ」は手放す。
▼「3軍のほとんど使ってないモノ」から手放す。
▼「心の栄養になるモノ」は捨てない。

3 貯蓄に差が出る！ 手放すとお金が貯まるモノ

僕は10年間のミニマリスト生活で、モノを捨てて捨てて捨てまくった結果、お金が貯まるようになりました。**「モノを手放したらお金が貯まる」という節約術は、ある意味ミニマリストならではの「お金が増える究極の裏技」かもしれません。**

ここでは、僕の実体験に基づく「手放しただけでお金が増えたモノ」をご紹介します。大前提として、今からご紹介するモノを「持っている人が悪い」とか、「絶対に捨ててください」というつもりはありません。

ただ、**僕の実体験では「なくても生活には困らなかった」「手放したら節約になった」というモノばかりです。**

あなたの家にも、実は「なくてもいいモノ」「なくても不便にならないモノ」が溢れていると思います。**所有するメリットを取るか、手放して財産を増やすのか、あなた自身で天秤にかけて判断してみてください。**

まずは、「モノを手放すとお金が増える理由」を簡単に復習しておきましょう。ここで思い出してほしいことは2つだけです。

［モノを手放すとお金が増える理由］

①無駄遣いが激減し、生活コストが下がる

モノを手放すことは、「過去の買い物の失敗」を受け入れる行為でもあります。もし買い物で失敗したぶんを「富を生み出すもの」にお金を回せていたら、きっと資産が増えていたことでしょう。しっかり片付けで反省することで、無駄なモノを買わなくなり、生活コストは下がっていくはずです。

②時間泥棒を撃退し、節約や仕事でお金が増やせる

モノは、僕たちから貴重な時間を奪ってくる「時間泥棒」です。モノが少なければ家事は数分で終わり、探し物もありません。つまり、モノを減らすだけで時間を生み出せるのです。この浮いた時間を節約や収入アップの行動に投じれば、間違いなく資産形成が加速するはずです。

ではここからは、僕が過去10年間で「捨てたらお金が貯まったモノ」をご紹介していきます。**特に節約効果を実感できたモノ、すぐに効果を実感できるモノ、即効性のあるモノ**

だけをピックアップしました。

◯お金に直結するモノ

第2章でも述べましたが、お金が増える家計にする上で、お金周りの整理整頓は必須事項です。特に、**財布やクレジットカード、ポイントカード、銀行口座、家計簿ノートといったモノを見直し、お金の流れをシンプルにする必要があります。**

昔、僕が使っていた財布はパンパンにモノが詰め込まれており、レシートや領収書だけではなく、クレジットカードやポイントカード、クーポン券、病院の診察券などが10枚以上入っていました。そして、銀行口座も5つ以上あったので、通帳・キャッシュカード・印鑑も増えてしまい、お金の管理は本当に大変でした。

当然ながら、これだけお金の流れが複雑になった僕の家計では、あらゆる家計簿ノートを買って試すものの継続できませんでした。**「入ってくるお金」「出ていくお金」の流れが把握できず、どんぶり勘定になっていたことは言うまでもありません。諸悪の根源は、お金の流れがシンプルになっていないからです。**

まず僕は、財布の中身から片付け始めました。ポイントカードやクーポンは全部手放し、クレジットカードは1枚だけ残して、ほかは全て解約。キャッシュレスにしたことで財布自体も手放せました。僕の財布は手帳型のスマホケースになり、クレジットカード・マイナンバーカード・運転免許証・健康保険証が1枚ずつ入っています。財布の中身はそれだけで十分でした。

普段、僕がお店のポイントカードやクーポンを使わない理由は、余計なモノまで買ってしまうからです。ポイントがつかなくても、定価でも買いたいモノを買うことが一番の節約だと思います。

銀行口座も3つに厳選。1つは絶対に手をつけない「生活防衛資金」が入っている口座。2つ目は、入出金がある「生活用口座」。3つ目は、証券口座と紐づいている「投資用口座」です。どの銀行口座も、スマホアプリを開けば残額もお金の流れも把握できるようになっています。

そして、お金の流れは家計簿アプリで管理するようになり、レジで会計を済ませた直後に金額を入力し、記入漏れがないようにしています。収入も同様に、入金があったその日に入力。毎日お金がいくら入ってきて、いくらのお金が出て行くのか、しっかり把握することが重要です。

結論、**僕が伝えたかったのは、普段使うクレジットカードは1枚だけにして、生活用の銀行口座も1つにしたことでお金の流れがシンプルになり、使途不明金も無駄遣いもゼロになったということです。**

◯スマホで代用できるモノ

今の時代、スマホで代用できるモノはたくさんあります。たとえば、次のようなモノです。

［例］固定電話、スケジュール帳、メモ帳、掛け時計、腕時計、カレンダー、キッチンタイマー、目覚まし時計、辞書、カメラ、メモリーカード、アルバム、電卓、本、新聞、通帳、財布、ポイントカード、レシピノート、地図、パソコン、テレビ、ミュージックプレイヤー、家計簿ノートなど。

僕は、スマホで代用できるモノは全て処分してきました。したがって、**スマホで代用で**

きるモノはもう買わないので、一生涯で考えると数万円〜数十万円の節約になるわけです。
スマホ1台あれば十分生活は可能ですし、むしろ自由な時間とお金を生み出してくれます。

○オシャレなインテリア雑貨

僕はかつて、自分の部屋をオシャレにするために、間接照明やラグ、クッション、花瓶、絵画、鏡、観葉植物、置物、飾り物、アロマディフューザー、フレグランスアイテム、カーテン、バスケットなど、いろんなインテリア雑貨を買い漁っていました。

ですが、僕には残念ながらセンスがない。自分には無理だと悟り、インテリア雑貨は全て処分。ミニマリストになってからは、インテリア雑貨を一切買っていません。なぜなら、**足し算のオシャレには終わりがなく、オシャレを突き詰めようとするとお金もかかるし、モノが増えていくごとに周りとの調和が難しくなり、雑多になっていくからです。**素人に、オシャレな部屋は無理だと思いました。

結局、お金をかけてモノを増やしても、雑然とした部屋になるだけ。**むしろ余計なモノを減らして部屋をシンプルにするのが、一番手っ取り早い方法でした。余計なモノを持た**

ないほうが、空間が美しくなる。旅館や美術館と同じ原理です。これぞまさに「引き算の美学」だと思います。

余計なモノは持たない、買わない。これこそ部屋を綺麗に保ちつつ、節約にもなる一石二鳥の暮らし方です。

○大量の服と靴、ファッションアクセサリー

昔は100着以上の洋服と10足以上の靴、さらには腕時計、サングラス、ベルト、ブレスレットなどのファッションアクセサリーも大量に持っていました。

これも先ほどのインテリア雑貨と同じように、**足し算のオシャレには際限がなく、お金も無限に出ていきます。そしてモノが増えるほど、コーディネートが難しくなるし、モノの管理やメンテナンスにもお金と時間が必要になるため、全て手放しました。**

洋服は、全てユニクロで揃えて年間10着に。靴も1足だけ。スーツも一式、会社員を辞めて個人事業を始めたタイミングで全部処分。ファッションアクセサリーは結婚指輪を除き、何も身につけていません。

僕の服装は超シンプルになりました。でも、それが良いのです。身につけるモノが少ないからこそ毎朝のコーディネートも楽だし、買い物で時間を無駄にすることもない。モノの管理やメンテナンスも不要になり、毎日お気に入りの服装で過ごせる。満足度はむしろ高くなりました。

しかも、**洋服や靴は一度買ったら2～3年はもつので、年間被服費が0円の年もあります。買い替えが必要な年だったとしても、年間1万円ほどで済むので家計へのダメージは全くありません。**

○大量のカバンとキャリーケース

昔はリュックサックやビジネスバッグ、ショルダーバッグやウエストポーチ、野球用のセカンドバッグ、旅行用のキャリーケースなど、何個も持っていました。

必要以上にカバンが増えると、余計なモノまで増えがちです。あちこちにモノが点在するので、探し物や無くし物が日常化。念のために持ち歩くモノが増えていき、どんどん荷物が重くなっていく。

外出中は「欲しいモノがないか」「足りないモノがないか」と数時間かけて探し回り、帰宅する頃にはグッタリしているので自炊を諦め、惣菜を買ったり外食して帰宅することが増えていきました。

つまり、**カバンに余計なモノを詰め込んでいる人ほど、外出中に余計なモノばかり買い漁り、さらには荷物が重いので、疲労とストレスを癒すための出費も増えてしまうのです。**

だから僕は、リュックサック1つで生活するようになりました。**普段の生活では手ぶらで出かけることがほとんどで、仕事や旅行のときだけリュックサックを使います。**あえて荷物を減らし、軽くすることで、荷造りも簡単だし移動も楽になる。探し物や無くし物もありません。だから、**外出先での予定外の出費がゼロになりました。**

○大量の本と本棚

僕は自己投資のために、毎月のように本を買い漁っていました。次々と新しい本が増えていった結果、２００冊以上にまで増えてしまったのです。

それだけの本が家にあっても、復習したり読み返すわけでもありません。**ただ「読んだ**

功績」として残してあっただけだったので、全部処分しました。

今は、読みたい本はほとんど電子書籍で買います。たまに紙の本で買いたいときはその本だけ購入し、読み終わったらすぐに手放すので家に本が溜まりません。

家に1冊も本がなくなった結果、本を買うことに慎重になったし、1冊1冊真剣に向き合い、学んだことを実践するようになりました。

次々新しい本を読んでも知識は増えるかもしれませんが、行動に移さなければ何の意味もありません。**無駄にインプットばかり増やすのではなく、「行動力」「実行力」を高めるためには、余計な情報はない方が僕は得策だと思います。**

僕は1冊1冊、学んだことを愚直に実践してきたからこそ、片付けも、節約も、仕事も、インデックス投資も、成果を積み上げられたのだと思います。

○高級ブランドのモノ

昔の僕は見栄を張るために、洋服やスーツ、腕時計、財布、ボールペン、靴、鞄、家具、家電など、高級ブランドのモノを買っていました。

１つ買うと、ほかのモノも高級ブランドで揃えたくなるので、連鎖的に出費が嵩《かさ》んでしまいます。買えば買うほど「もっと」欲しくなり、どこかのタイミングで断ち切らないと、永遠にブランド品を買い続ける人生になってしまうのです。

そして場合によっては、「見栄を張りたい」「自分を大きく見せたい」という欲望が家計状況を悪化させ、身を滅ぼすこともあります。

今思えば、かなり無駄なお金の使い方だったと反省しています。だから、全部売って手放しました。僕はもう、高級ブランドのモノは買わないし、１つも持っていません。品質は確かに良いのかもしれないけど、純粋に高いし、それに見合ったリターンが得られるとは思えないからです。

僕は今でこそ、安いブランドで固めるようになりました。生活するのに高級である必要はありません。**個人的には高級ブランドで着飾るよりも、そして家のモノを高級ブランドで揃えるよりも、そのぶん少ないモノとお金で生活できるようになったり、十分な貯蓄をして、仕事で実績を作った方がはるかに自信が持てるようになりました。**

年収や資産がいくら増えようが、僕の服装はユニクロ一択。靴も鞄も、アマゾンで買った数千円の安いものを使っていますが、生活するのには十分です。腕時計も財布も持っていません。家具家電も、ほとんどがニトリや無印良品で買ったモノです。

それに、僕は高級ブランドのモノを買うくらいなら、経験や思い出にお金を使ったほうが良いと思っています。**モノはいつかゴミになるけど、経験や思い出は宝物になるからです。**

○テレビとその周辺機器

僕の家のテレビ周りには、テレビ台やゲーム機、ゲームソフト、CD、DVD、ブルーレイ、スピーカー、延長コード、ケーブル隠しボックスなどがありました。

正直、テレビ周りに結構なお金を費やしていたので処分することに躊躇《ちゅうちょ》したものの、**時間もお金も浪費していることがもったいないと感じ、全て売りました。NHKも解約し、コンセント周りもスッキリして、時間の使い方が大きく変わりました。**

僕はテレビとその周辺機器を手放した代わりに、ユーチューブを副業として始めることができました。本業の仕事をこなしながら、浮いた時間の全てをユーチューブに費やしたことで、今では立派な収入源になったのです。**これが、時間を奪っているモノを手放し、**

仕事で成果を上げることができた1つの成功事例です。

今の時代、簡単にSNSで時間を浪費したり、スマホ1台あればいつでもドラマや映画を見れてしまいます。便利な時代になりましたが、僕は時間の浪費には十分気をつけるようにしています。

無駄な時間を削ったぶんだけ、1時間でも2時間でも労働時間を増やせば収入が増えるし、副業に力を入れれば月に1万円でも2万円でも副収入が入ってくるかもしれません。

◯大量の収納アイテム

モノで溢れた僕の家には、大量の収納が増えていました。収納ボックスや収納棚、収納ポーチ、収納タンス、ハンガーラック、モノを吊るすための突っ張り棒やフック、収納に使うための段ボールやお菓子の缶ケース、靴の空き箱まで、たくさん持っていました。

モノが増えてしまえば、それに比例して収納が増えてしまうのは当たり前の話ですが、収納もタダではありません。収納が増えれば増えるほど、貴重な財産を失っているのと同じです。

僕はミニマリストを目指すと決めた日から、モノはもちろん、徹底的に収納を減らし続け、今では家の備え付けの収納だけで所有物の全てが収まるようになりました。そしてこれからも、収納を買うくらいなら不要になったモノを減らします。空きスペースを作れば、収納を買う必要すらないのです。

収納を買わないこと、収納アイテムを増やさないことが一番の節約になります。使わないモノをしまっている収納ほど、無駄なものはありません。

◯何種類もある掃除アイテム

先ほどの収納と同じように、モノの量と比例して増えるものが「掃除アイテム」です。**モノが増えれば増えるほど家事が増え、掃除が行き届かなくなり、汚れや埃が溜まりやすくなるからです。**ちなみに昔の我が家にも、こんなに掃除アイテムを持っていました。

【昔、我が家にあった掃除アイテム】

掃除機、クイックルワイパー、コロコロ、ハンディモップ、台拭き、メラミンスポンジ、雑巾、バケツ、タワシ、トイレブラシ、トイレ洗剤、さぼったリング、キッチン用洗剤、お風呂用洗剤、お風呂用スポンジ、カビキラー、水切りワイパー、キッチンハイター、重曹、クエン酸、セスキ、石鹸、オキシクリーン、パイプクリーナー、ゴム手袋、ホウキ、ちりとり、窓拭きワイパー、自動掃除ロボット、アルコールスプレー、除菌シートなど。

これだけの掃除アイテムを持つということは、それだけ毎月お金を使っていることになります。これも、かなりもったいない出費です。

ですが、家全体のモノを減らし、掃除しやすい環境を作ってしまえば、そんなに掃除アイテムは必要ありません。今、我が家にある掃除アイテムはご覧の通りです。

【現在、我が家にある掃除アイテム】

掃除機、メラミンスポンジ、ウタマロクリーナー、アルコール消毒液、玄関用ホウキとちりとり。

モノが少なくなった今、我が家では掃除を毎日行います。床の掃除機がけは約10分で終わり、トイレ掃除や玄関掃除、お風呂掃除、キッチン掃除は、それぞれ5分もかからず終わります。合計30分。実際はこれを夫婦で分担するので、一人当たり15分の負担で済みます。

僕たちが毎日欠かさず掃除できるのも、合計30分で掃除が終わるのも、毎日綺麗な部屋で過ごせるのも、モノが少ないからこそです。時間に余裕が生まれる上に、必要な掃除アイテムも少ないので節約にもなっています。

○いつも無くしてしまうモノ

モノが多いと、無くし物や探し物が当たり前になります。僕もよく、傘やイヤホン、財布や充電器などの「持ち運ぶモノ」だけではなく、爪切りや耳かきなどの「衛生用品」、ペンやハサミなどの「文房具」をよく無くしてしまい、頻繁に買い直していました。**この「無くしたら買い直す支出」は、本当に無駄遣いだったと思います。**

よく無くすモノは見直しが必要です。おそらく数が多くなって収納場所が曖昧《あいまい》になったり、雑に扱ったり、管理が甘くなっていることが原因です。

僕は、「同じ用途のモノは1つだけにする」という「1ジャンル1アイテム」を採用したことで無くし物や探し物がゼロになりました。

今では、傘やイヤホン、充電器、爪切りや耳かき、ハサミなど、それぞれ1個ずつしか持っていません。財布は前述した通り、キャッシュレスにしたので手帳型のスマホケースが財布代わりです。

モノを減らすと「万が一無くしたときに困りそう」と不安になりがちですが、モノを減らすからこそ「なくしたら困る」といういい緊張感が生まれ、モノを大切に扱うようになり、無くしモノが減るのです。

◯念のため買ったモノやストック

モノが多い人の特徴として、「念のため買ったモノ」が非常に多いということです。例えば、消耗品のストック、予備で買ったモノ、来客用アイテム、食器、調理器具、食材、調味料、ベビー用品などです。

「必要になったときに買う」でも十分間に合うのに、「いつか」に備えて過剰に買い過ぎて

います。心配性であるがゆえに出費が増えてしまうのです。当然ながら、家にモノを蓄えた分だけ資産は減ります。

そして残念なことに、「念のため買ったモノ」の中で使われるのはごく一部で、そのほとんどは使用期限が切れてしまったり、使われずに終わってしまいます。昔の僕も、本当にもったいないことをしていました。

今ではストックは1つまでと決め、念のためにモノを買うことは絶対にしません。必要なモノを、必要になったときに、必要な数だけ買います。予備やストックはいらない。これが一番節約になるし、余計なモノが家の中に増えない買い方です。

◯運動グッズと大量のサプリ

僕の家には大量の運動グッズと何種類ものサプリがありました。ですが、運動グッズに関しては、結局使ったのは最初の数ヶ月だけ。次々に新しい運動グッズを買い足していく……の繰り返し。超無駄遣いでした。

プロテインやサプリに関しては、一応毎日欠かさず飲んではいたのですが、効果はイマイチ実感できないし、しかも地味に高い。なので潔く全部処分しました。

僕の目的はあくまで「健康」でいること。プロスポーツ選手になりたいわけでも、ボディビルの大会に出たいわけでもありません。**ただ健康になりたいなら、激しい運動も、サプリも道具もなくていい。**僕は、必要以上に「痩《や》せる」「ムキムキになる」願望を捨て、「標準体型で健康になれればそれでいい」と思うようになり、スポーツジムも解約して、次のモノたちは全部処分しました。

［手放したモノ］

ダンベル、腹筋ローラー、プッシュアップバー、リフティングベルト、パワーグリップ、ヨガマット、運動着、運動用シューズ、プロテイン、シェイカー、サプリ、ゴムチューブ、バランスボールなど。

その代わり、毎日体重を測って健康的な食生活に改善し、毎朝1時間の散歩と、夕方にも1時間ほど散歩して、毎晩寝る前に丁寧にストレッチをしています。**適度な運動と健康的な食事、そして十分な睡眠で健康になれれば僕はそれで十分です。**

○高価な仕事道具

昔の僕は、「仕事道具にはお金をかけた方がいい」とずっと思っていました。オーダーメイドでスーツを買ったり、数万円する腕時計を買ったり、ビジネスバッグや靴にお金をかけたり、ネクタイもどんどん質の良いモノに変わっていきました。

ユーチューブが軌道に乗り始めたときも、調子に乗って約30万円でMacBook Proを購入したり、撮影用に10万円する立派なビデオカメラを買ったり、スタンディングデスクや電動式昇降デスクを買ったときもあります。**僕は愚かなことに「仕事道具にお金をかけるほど、収入も上がるはず」と勘違いしていたのです。**

もちろん、職業や仕事内容によっては仕事道具にお金をかけた方がいい場合もあるでしょう。ですが、僕の場合は無意味でした。**「なぜその仕事道具にお金をかけると、収入が増えるのか」**という根拠がないまま買ったため、ただの浪費になってしまったのです。

結局今では、オーダーメイドで作ったスーツは手放してユニクロの服で仕事をしているし、腕時計も身につけていません。そして高かったビジネスバッグや靴も、今ではAmazonで買った6000円のリュックと3000円の靴になっていますが、何も問題ありません。

そして、スマホ1台（iPhone11 Pro）で撮影・編集を行い、本の執筆はiPad（Magic Keyboard付）で行っています。せっかく買ったスタンディングデスクや電動式昇降デスクも今はなく、仕事は家のリビングテーブルで行っています。

つまり、**僕にとっては何十万円と仕事道具にお金を注ぎ込まなくても良かったわけです。**

世の中には「仕事道具にお金をかけた方が良い」という風潮がありますが、本当にそこまでお金をかけないと収入が上がらないのでしょうか。本当に何十万円もかけないと、収入が上がる見込みはないのでしょうか。僕は疑問に思います。

仕事道具に関しても、余計なものは持たない。余計な機能もいらない。必要十分なモノさえ揃っていれば、十分仕事はできるはずです。

◯高額な車

僕は、愛知から東京に引っ越す際に車を手放しました。**節約効果はもちろん大きく、ガソリン代はもちろん、駐車場代や保険料、自動車税、車検代、修理費用、洗車代、タイヤ**

交換、違反金などの出費が一切なくなったのです。それだけで月平均2万円以上の節約になりました。

もちろん、地方にお住まいの人は車が必要だと思いますが、高い車は贅沢品であることを自覚しましょう。車を所有するとなると非常にお金がかかります。僕なら軽自動車の新古車か中古車を一括購入し、ローンは組みません。

そうすることで購入費用やガソリン代、保険料、自動車税、車検代、タイヤ代などの費用が節約できるからです。車はただの移動手段。贅沢品として車を買うのではなく、「移動手段」を買えば僕は十分に思います。

◯家賃の高い家

前述したように、モノを過剰に持ち過ぎたり、収入が増えたからといって贅沢な暮らしになってしまうと、際限なく住居費が高くなってしまいます。そして、**住居費が高くなったぶん、必死に働かないといけなくなるのです。**

仮に月給20万円の人が家賃5万円の家に住むと、給料の1／4は家賃のために働くことになります。月給30万円の人が家賃10万円の家に住むと、必死に働いた給料の1／3は家賃の支払いに消えてしまいます。

だからこそ僕は、モノを手放すことで広い家に引っ越す必要性をなくし、収入が増えたとしても生活水準を上げることなく、家賃の低い物件に住み続けてきました。それはこの先も変わりません。

さらに今の時代、リモートでも働ける仕事が増えてきたので、必要以上に家賃を上げるメリットすら感じなくなりました。

それよりも僕は、ほどほどに働きながら自由な時間を堪能《たんのう》したい、のんびり暮らしたいと思っています。運良く稼げたら貯蓄に回すだけ。無理に働かなくてもいいように、僕は「家賃の高い暮らし」を手放しました。

◯見栄とプライド

最後は「物理的なモノ」ではありませんが、僕の心の中に潜む「見栄とプライド」を手放して本当に良かったと思っています。

あなたはここまでの「手放すとお金が貯まるモノ」を読んでみてどう感じましたか？中には「そんなの無理！」「手放したくない！」と思ったものもあるでしょう。僕も最初はそうでした。でも僕が手放せなかったのは、見栄とプライドが邪魔していたからです。

本当はなくてもいい。生活費も下げたい。だけど、自分のプライドを傷つけたくないし、自分を大きく見せたい気持ちもある。

もし〇〇を手放したら「大したことないヤツ」に見られないだろうか。「仕事ができないヤツ」に思われないだろうか。周りから見下されないだろうか。バカにされないだろうか。そんなふうに思い始め、自分の中で葛藤が続きました。あなたも実は、そうではないですか？

僕が見栄とプライドを手放せたのは、自分の幸せを追求しようと思えたからです。「大したことないヤツ」に思われても、周りから見下されても別にいい。相手にしなければいいだけだし、自分から離れればいい。

それよりも僕は、自由な人生を楽しみたいのです。「飾らない自分」を好きでいてくれる人だけ大事にできれば、見栄を張る必要も、モノで偽ったチンケなプライドを守る必要もなかったのです。

4 無駄遣いが減る！ 各部屋ごとの片付け術

あなたの家は、胸を張って綺麗だと言えますか？ 今すぐ人を招いても、恥ずかしくない状態でしょうか？ ちなみに僕の家はいつも片付いています。「散らかっている」と言われたことは一度もありません。

こんなことを言うと、僕が綺麗好きでマメに整理整頓をするのが好きな人間だと思われがちですが全く違います。僕は、片付けも整理整頓も嫌いです。面倒臭い。できる限りやりたくありません。

だから、不要なモノを減らしたのです。「散らかるモノ」や「なくても生活できるモノ」を手放せば、片付けや整理整頓の手間を省くことができるからです。

もしあなたの家が自信を持って「片付いている」と言えないのであれば、今すぐ改善しましょう。**モノが多く、散らかった部屋になると、生活もお金の使い方もだらしなくなります。気分も下がるし、ストレスも溜まるでしょう。**

汚い家には特徴があります。「汚い家でついやりがちなあるある」と、ミニマリスト生活を送っている我が家の暮らし方をご紹介します。

大前提として、人それぞれ住む地域や働き方、趣味嗜好によって「必要なモノ」「不要なモノ」は違います。我が家で実践していることを、そっくりそのまま全部真似する必要はありません。あくまで参考程度に読み進めながら、「あなたにとって必要なモノ」と「適正量」を見極めてください。そうすれば、間違いなくあなたの家は1年中片付いた状態になるはずです！

朝起きて部屋が片付いていれば、気持ちの良い朝を過ごせます。毎日家に帰ってきたとき、ホテルのように部屋が片付いていると気分よく過ごせます。そんな部屋を目指して、各場所ごとに片付けていきましょう！

玄関編

汚い玄関の特徴①▼大量の靴が散らかっている

[我が家の対策]

□１年以上履いていない靴は手放す。
□足に合わなかった靴はすぐに手放す。
□靴はＴＰＯに応じて１足ずつにする。
□玄関に出していい靴は１人１足まで。残りは収納。
□僕は靴１足のみで生活。妻は３足だけ。

汚い玄関の特徴②▼傘立てに大量の傘が刺さっている

【我が家の対策】

□家族１人につき、傘は１本だけにする。
□僕は折り畳み傘１本のみ。リュックに常備。

汚い玄関の特徴③▼郵便物・段ボール・レジ袋が置きっぱなし

【我が家の対策】

□届いた郵便物はすぐに開封し、ゴミはすぐに処分する。
□段ボールは開封後すぐに折り畳んで資源ゴミに出す。

□エコバッグは1つに厳選し、小さく畳んで収納する。
□レジ袋の上限は10枚（キッチンに収納）。
□紙袋は使うことがないので1枚も残さない。

汚い玄関の特徴④▼余計な置物・飾り物・小物がある

【我が家の対策】

□玄関に置いていいのは必要なモノだけ（靴・傘・鍵・掃除用具）
□玄関に置物・飾り物・小物は置かない。
□玄関マットとスリッパは全て手放す。
□帽子・アウター・カバンはクローゼットで管理する。
□シューケア用品は持たない（あっても使わなかった）。

洗面所

汚い洗面所の特徴①▼洗面台にモノが溢れている

【我が家の対策】

□直近１ヶ月で使ってないモノは手放す。
□使用済みの消耗品（ゴミ）はすぐに捨てる。
□古くなった衛星用品・ケア用品を手放す。
□洗面台に置いているのはハンドソープだけ。

汚い洗面所の特徴②▼洗面台収納がゴチャゴチャ

【我が家の対策】

□直近１ヶ月で使っていないモノは手放す。
□歯磨き粉とドライヤーは１つだけ。家族で共有する。
□日用品のストックは１つまでにする。
□掃除用具はウタマロクリーナーとメラミンスポンジで十分。
□衛生用品・化粧品類・日用品は、鏡裏と洗面台収納に入る分だけ。

汚い洗面所の特徴③▼タオルを必要以上に持ち過ぎ

【我が家の対策】

□バスタオルは不要。３人家族でフェイスタオルは10枚のみ。

□タオルは無地で同じ色に統一する。

クローゼット

汚いクローゼットの特徴①▼衣類と収納類が多い

【我が家の対策】

□１年以上着ていない服を手放す。

□僕は年間10着、妻は年間30着で生活。

□衣類は全てハンガーに掛けて収納（衣装ケースはない）。

□下着や肌着も必要最小限にする（僕は夏・冬で２組ずつ）。

□子供服はシーズンで必要な服を４～５着用意。

□子供服はシーズンを終えたら手放す。

汚いクローゼットの特徴②▼カバン類が多い

［我が家の対策］

- □カバンはTPOに応じて1つずつにする。
- □僕はリュック1つ、妻はリュックとポーチの2つ。
- □家族3人で外出する時、妻のカバン1つで外出する。
- □カバンの中身は、出先で使うモノだけ持ち歩く。
- □妻の化粧道具は、ポーチ1つにまとめて保管。

汚いクローゼットの特徴③▼物置になりがち

［我が家の対策］

- □空き箱は持たない。開封したらすぐに処分。
- □1年以上使ってないモノは手放す（物置にしない）。
- □書類は賃貸契約書と確定申告用書類だけ（収納1箱分）。
- □貴重品はまとめて保管（僕は小ポーチ1つ分に厳選して収納）。
- □趣味グッズなどの私物は上限を決めて保有。

リビング

汚いリビングの特徴①▼床の上にモノが散らばっている

［我が家の対策］

- □床にモノを置かない。必要最低限の家具だけ。
- □ラグや絨毯《じゅうたん》は掃除の手間になるので処分。
- □子どもが散らかしたモノは１日２〜３回リセットする。
- □子どものオムツやオモチャはベビーベッド下に収納。
- □ベビー用品は子どもの成長に合わせて入れ替える。

汚いリビングの特徴②▼コンセント周りがゴチャゴチャ

［我が家の対策］

- □ＴＶを手放してポップインアラジン（照明兼プロジェクター）を購入。
- □メンテナンスが面倒な家電を手放す。
- □小さい子どもが怪我する恐れのある家電を手放す。

□我が家のコンセント周りは Wi-Fi ルーターと充電ケーブル２本のみ。
□ケーブルはケーブル隠しボックスで隠す。

汚いリビングの特徴③▼テーブル上にモノが多い

【我が家の対策】

□テーブルの上には何も置かない（モノはゼロにする）。
□リビングは共有スペースなので個人の持ち物は収納しない。
□仕事道具や文房具は、個人の部屋から使う時に持ってくる。
□１文房具１種類にする。
□使い終わったモノは必ず元に戻す。
□ゴミはすぐ捨てる。
□食後は食器をすぐに片付けてテーブルを拭く。

汚いリビングの特徴④▼使ってないモノが多すぎる

【我が家の対策】

□1年以上使ってないモノは手放す。
□直近1ヶ月使ってなかったら保留ボックスに保管して様子を見る。
□置物や飾り物は持たない(埃を被るだけ)。
□モノが少ないのでリビングに収納棚は不要。
□枯れた植物は処分。
□紙の本と本棚は全て処分。全て電子書籍に。

キッチン

汚いキッチンの特徴①▼キッチンにモノが出しっぱなし

【我が家の対策】

□キッチンには何も出さない、置かない、吊るさない。
□備え付けの収納に入るようにモノを減らす。
□食器棚を持たなくていいように余計なモノを減らす。
□モノを吊るす用のフックや吸盤は全て手放す。

□冷蔵庫には何も貼らない（貼り紙やマグネットはＮＧ）
□掃除しやすいキッチンにする。

汚いキッチンの特徴②▼必要以上の食器や調理器具を持っている

［我が家の対策］

□食器やカトラリーは家族人数分だけにする。来客用は不要。
□１ヶ月間で高頻度に使う調理器具のみ残す。
□同じ調理器具は２つ以上持たない。
□直近１ヶ月で使わなかった調理器具は保留ボックスに保管して様子を見る。
□ベビー用品は子どもの成長に合わせて入れ替える。

汚いキッチンの特徴③▼キッチン収納全体がモノや食材でパンパン

［我が家の対策］

□１年以上使わなかったモノは手放す。
□賞味期限が切れた食材や調味料を手放す。

□調味料は高頻度で使うものだけ残す。
□1ヶ月以上使わなかった調味料は手放す。
□サプリは飲まない。食生活を整える。
□日用品のストックは1つまでにする。
□冷凍庫の食べ切れなかった食材は手放す。保冷剤はゼロ。
□掃除道具はウタマロクリーナーとスポンジで十分。
□収納は5～7割収納にする（必ず余白を作る）。

収納・押入れ

汚い収納・押入れの特徴①▼物置状態になっている

【我が家の対策】

□1年以上使ってないモノは手放す。
□1年以上開封していない収納は手放す。
□収納に入れるモノは1軍と2軍のモノだけ。

□家族人数分の寝具だけ持つ（来客用の寝具は持たない）。
□頂き物はすぐに使うか、不要なら手放す（原則もらわない）。

汚い収納・押入れの特徴②▼思い出のモノが多すぎる

［我が家の対策］

□家族との写真はLINEの共有アルバムで保存（現物写真は削除）。
□思い出のモノは持たない。買わない（埃を被るだけ）。
□思い出は「モノ」で残さず「心」に残す。

第4章

ミニマリスト流で「家計の無駄」を見直す（STEP2）

1 毎月・毎年チェックすべき3つの数字

まずは、現状を把握するために3つの数字を把握しましょう。**この3つの数字は、自分の家計が良好な状態かを教えてくれるバロメーターです。** 僕も、この3つの数字を毎月・毎年欠かさずにチェックしています。

①収支

あなたの家計が黒字か赤字かを把握するために、まずは1ヶ月の収支を確認してください。毎月の収支が黒字（プラス）であれば問題ないですが、赤字（マイナス）であれば家計改善が必須です。

まず最初の目標は、毎月の収支を黒字にすることから始めてください。必ずどこかに身の丈に合わない支出があるので、それを見つけましょう。 具体的な家計改善策は後ほど解説します。

僕も毎月の収支に目を光らせ、無駄遣いがないかをチェックしています。今のところ毎月黒字ですが、来月の収入が大幅に下がれば赤字になる可能性もゼロではありません。**だから僕は、収支がマイナスになった時はすぐ家計の問題を改善できるように、毎月のチェックを欠かさないのです。**

そして妻にも、「僕の収入が大幅に下がったときは、引っ越しをして生活水準を下げ、その時々に合った身の丈の暮らしをしよう」と伝えてあります。

②貯蓄率

続いて、毎月の収支がわかったら、貯蓄率（貯蓄額÷手取り収入×１００）を算出してください。**収支が黒字になった人は、貯蓄率10～20％を目指しましょう。**

世の中には、「節約は得意だけど、稼ぐことが苦手な人」もいれば、「稼ぐことは得意だけど、節約が苦手な人」もいます。**どちらにせよ、「安心できる家計かどうか」は「貯蓄率」が教えてくれるのです。**

たとえ低収入だとしても貯蓄率30％を超える人もいれば、高収入でも生活水準を上げ過ぎて貯蓄率が10％を下回る人もいます。**貯蓄率10％を下回る家計はカツカツ感が生じ、経済的不安が強くなってしまうので気をつけましょう。**

もしあなたが今、十分節約をしていて稼ぐ力が高い人であれば、貯蓄率20〜50％を目指してみてください。ただ、**貯蓄率を上げすぎると節約生活に息苦しさを感じたり、働き過ぎて体調が悪くなることもあるので、〝あなたにとって〟ちょうどいいバランスを見つけることが重要です。**

我が家も、最初の頃は貯蓄率10％からのスタートでした。節約を徐々に極めていき、さらには仕事も軌道に乗ったことで、貯蓄率が50％↓75％↓90％と増えていきました。僕個人としては、**貯蓄率50％を超えた時点で、家計に安心感とゆとりを実感できました。**

なぜなら、もしも僕が体調不良などで来月の収入が半分になったとしても、本業の仕事を半分に減らして新しい副業にチャレンジしたとしても、家計が赤字になることがないからです。**家計にゆとりがあれば新たな策を考える余裕が生まれるので、「貯蓄率50％」は目指す価値のある数字だと思っています。**

手取り収入の半分以下で生活を回すことは至難の業《わざ》ですが、節約を極め、稼ぐ力を高めることができれば十分可能です。でも決して無理はしないでくださいね。

③資産額

僕は毎月必ず資産額をチェックし、そして資産推移や資産配分も確認するようにしています。

毎月資産額をチェックする理由は、今まで節約や仕事を頑張ってきた証でもあるし、シンプルにお金が貯まっているのを見るのが好きだからです(笑)。

資産推移を確認するのは家計に問題がないか、順調に右肩上がりで資産が増えているかを確認するためです。**もちろん株価暴落中は仕方ありませんが、１年前、２年前よりも順調に資産が増えていれば嬉しいですし、節約や仕事のモチベーションにも繋がります。**もしも毎月・毎年資産額が右肩下がりになっているのであれば直ちに原因を究明し、対策が必要です。

そして、**資産配分の確認も欠かせません。これは、預貯金と投資額の割合を調整してリスク調整するためです。**たとえば、預貯金１０００万円、投資額０円の場合は現金比率が高過ぎて死に金になるだけですし、預貯金10万円、投資額９９０万円だと投資に偏《かたよ》り過ぎて精神衛生上良くありません。

つまり、資産配分に関してもちょうどいいバランスを見つけることが重要です。株価の変動に一喜一憂することなく、大暴落が来た時に焦って狼狽売りすることなく、あくまでインデックス投資の目的は長期投資ですから、気持ちに余裕を持って長期投資できるような資産配分に調整しましょう。

ココがポイント！

- 毎月の収支・貯蓄率・資産額は要チェック！
- 最初の目標は家計の黒字化！ 次は貯蓄率10%を目指せ！
- 節約貯蓄の中級者・上級者は貯蓄率20~50%を目指してみよう！
- 貯蓄率も資産配分も、ちょうどいいバランスを見つけること。

2 ミニマリストの家計改善習慣と生活費

ここでは僕が今まで実践してきた、ミニマリスト流の効率的な家計改善のやり方をご紹介します。**シンプルに説明するのであれば、「家計全体」を整えるのではなく、「1点集中型」の節約術です。**

部屋の片付けに例えるなら、たった1日で家全体を片付けることはまず不可能ですよね？　数ヶ月かけて、1つ1つのモノと向き合って片付けを進めていくはずです。

節約も同じ。1ヶ月で一気に家計全体を整えようとしてはいけません。まず無理です。たいてい節約に挫折する人は、一気に満遍《まんべん》なく節約をしようとしがちです。それでは息が詰まるし、苦しくて我慢する生活になってしまいます。

そうではなく、**節約は継続が一番大事ですから、一気に満遍なくやるのではなく、ポイントを絞って効率よく節約をしましょう。**絞るところは絞り、抜くところは抜く。要はメリハリが大事です。

個人的なオススメとしては、1ヶ月に1つの支出を見直す。多くても1ヶ月に3つまでがいいでしょう。

例えば、食費の見直しを1ヶ月間集中して行う。いろいろ食費の節約術を調べて、自分に合った方法を見つけては実践する。1ヶ月間で集中するのは食費の節約だけ。これなら節約のハードルも上がらないし、実践できそうじゃないですか？　しかも、1ヶ月間でしっかり食費の節約術が身につけば、意識しなくとも食費は自然と節約できるようになっているはずです。

他にも、スマホ代で大手キャリアから格安SIMに乗り換えるのが面倒に感じている人も多いと思いますが、1ヶ月間で〝これだけ〟やればいいのなら、できそうな気がしませんか？

そんなふうに、**1つ1つの支出と向き合いながら徐々に節約に慣れていき、皆さんにとって幸福度の下がらない節約術を見つけていくことが重要です。1年は12ヶ月ありますから、1年で十分家計全体を整えることができます。**

今やSNSや書籍でいろんな節約情報が溢れています。細かい節約術は、僕が言うまでもないでしょう。ですが、節約をする上で大事なのは「あなたがどんな節約を実践するか」です。節約をしすぎて心が貧しくなっては意味がありません。だからこそ、**節約を1つずつ極めていくのです。**

［僕が毎月行っている家計改善習慣］

①家計簿アプリで固定費は自動入力する

我が家では、家計簿入力の手間を少しでも省くために、固定費を「毎月1日」に自動入力される設定にしています。**なぜなら、毎月1日時点で固定費の合計金額が家計簿に反映されるので、月初から非常に気が引き締まるからです（笑）。**固定費が高いと感じれば、見直すキッカケにもなります。

我が家では、毎月1日に必ず「不要な固定費がないか」「もっと削れる固定費はないか」を確認・見直しするようにしています。

節約がうまくいかない人の特徴として、毎月上旬は財布の紐が緩みがちで、下旬になるにつれて支出額が高くなっていくため、慌てて節約しようとします。人によっては「来月から節約頑張ろう」と、その月の節約を諦めて散財する人もいるでしょう。それではいつまで経ってもお金は貯まりません。

節約上手な人は、月初から財布の紐をキツく締め、月末にかけて財布の紐を少しずつ緩めていきます（もちろん予算の範囲で）。

②支出の高い順に生活費を見直す

我が家の家計簿では、支出額の大きい順に並べるようにしています。理由は大きく2つあります。**1つ目は、節約すべき内訳を特定できるから。2つ目の理由は、節約効果が大きくなるからです。**

僕は定期的に支出額の高い順に内訳をチェックして、過去の買い物に無駄遣いがなかったか1つ1つ確認し、節約できることはないか分析するようにしています。

たとえば、我が家で費用が高くなりやすいのが**「食費」「子供費」「電気代」**です。つまり、我が家の場合、大抵はこの3つの支出にポイントを絞って節約対策を考えればいいわけです。これにより、毎月1～3万円の節約効果がありました。

このように、**変動費の節約に関しては、1ヶ月で1000円・2000円にしかならない節約をやるよりも遥かに効率的です。**

我が家では、食費を抑えるために外食費の予算を低く設定し、面倒くさがらず家でご飯を作って食べるようにしています。食材費も高くならないように、できるだけ安い食材でご飯を楽しめるように日々レシピを勉強中です。

子供費に関しては、必要なモノを必要な分だけ買う。可能なら知り合いからお下がりを頂くか、中古で買う。なくてもいいモノは買わない、持たない、貰わない、を徹底しています。

電気代に関しては、不必要な家電や電子機器は手放したことと、我が家の場合「エアコン」と「乾燥機付き洗濯機」が電気代高騰の原因だったので、エアコンの温度調整と洗濯頻度を減らしただけで月5000円〜1万円の節約になりました。

③予算オーバーした支出を見直す

今となっては滅多にないのですが、以前は外食費や被服費、娯楽費、交際費、日用品費などの内訳を中心に予算オーバーしていました。

これらの内訳に関しては、**自分の欲望を整理しながら予算を決め、自分や家族の幸福度が下がらないように節約することが重要です。**

たとえば、僕も妻も「食べること」が好きなので、食費に関しては予算を削り過ぎないように設定しています。

被服費に関しては、僕はミニマリストになったことで洋服やファッションにこだわりがないことがわかり、被服費（衣類・靴・鞄・アクセサリー等）は年間0円になりました。

妻も、必要な化粧品を除き、ほとんど買わなくなりました。

日用品費については、僕たち夫婦は部屋を開放的に広く使いたいのと、家事を極力減らし、そして育児を楽にするために日用品は必要以上に買いません。

娯楽費や交際費は、まだ子どもが1歳で手がかかることもあり、ほとんど使わなくなりました。今は、自宅や妻の実家で遊ぶことも多く、近所の散歩や公園、児童館で遊んだりしているのでお金はほとんどかかりません。

以上3つの家計改善を行った結果、月によって変動はありますが、ご覧の通りの生活費になりました。

一人暮らしの時の生活費（※2017年頃：ミニマリスト3年目）

【固定費】

家賃管理費▼3万5000円　駐車場代▼5000円

Wi-Fi▼5000円　自動車保険▼3500円

【変動費】

食費▼1万5000円
光熱費▼1万円
スマホ▼7000円
交通費▼5000円
書籍代▼5000円
日用品▼1000円
美容費▼1000円
雑費▼0〜1万円

合計▼約9〜10万円（1人暮らし）

夫婦二人暮らしの時の生活費（※2019年頃：ミニマリスト5年目）

【固定費】

家賃管理費▼5万5000円
Wi-Fi▼5000円
サブスク▼3200円
駐車場代▼5000円
自動車保険▼3500円

【変動費】

食費▼４万円　日用品▼２０００円
光熱費▼１万５０００円　自己投資▼１万円
交通費▼１万円　予備費▼０～３万円
スマホ▼１万４０００円（夫：７０００円　妻：７０００円）
美容費▼６０００円（夫：１０００円　妻：５０００円）
合計▼約17～20万円（夫婦２人暮らし）

現在３人家族の生活費（※２０２４年：ミニマリスト10年目）

【固定費】
家賃管理費▼８万円
Wi-Fi（光）▼４７００円
スマホ▼４３００円（夫：２１５０円　妻：２１５０円）
サブスク▼２１００円

【変動費】

食費▼４万５０００円　ガス代▼４０００円
子供費▼１万５０００円　水道代▼３０００円
電気代▼１万円　日用品▼３０００円
交通費▼５０００円　予備費▼０～２万円
美容費▼５６００円（夫：６００円　妻：５０００円）
合計▼約18～20万円（3人暮らし）

ココがポイント!

- 家計簿アプリで固定費は自動入力にする。
- 支出割合の高い順に生活費を見直す。
- 予算オーバーした支出を見直す。
- ポイントを絞って、集中的に節約を極めていく。
- 自分の欲望を整理して予算を決める。

ココがポイント!

▼幸福度の下がらない節約術を取り入れる。

▼節約すると心が貧しくなるような節約術はＮＧ（メリハリが大事）。

3 節約力を高める７つのスキル

僕は10年間、ミニマリスト生活と節約を極めてきましたが、その中から「節約力を高めるスキル」を７つに厳選してご紹介します。

①お金・財産を管理するスキル

「お金・財産を管理するスキル」とは、家計簿を毎日つけて財産を管理し、予算を決めたり生活費の改善をする能力です。このスキルがなければ何も始まりません。**毎日数字と向き合い、データを記録・管理・分析・改善できる人だけがお金を貯めることができます。**

②取捨選択のスキル

「取捨選択のスキル」とは、「いる・いらない」「やる・やらない」の決断をする能力のことです。

片付けのときは**「何が必要で、何が不要なのか」**、節約に関しては**「何を節約するべきで、何にお金を使うべきなのか」**という決断が求められます。さらに、1日は24時間ですから、その生活の中で**「何をして、何をしないのか」**といった行動の取捨選択も家計に大きな影響を与えます。

今の家計状況は、今までのあなたが取捨選択してきた結果です。そしてこれからの未来は、今日のあなたの決断によって変わるのです。

③誘惑に打ち勝つスキル

買い物に出かけたとき、僕たちはあらゆる誘惑に打ち勝たなければいけません。多くの会社・お店が存続をかけて必死に売り込んでくるし、それだけではなく多くの芸能人・タレント・SNSインフルエンサーが広告塔となって、あらゆる商品やサービスを猛アピールしてきます。あるいは、あなたの身近な人たちが持ち物自慢してくることもあるでしょう。我々は、常に物欲を刺激される環境で生きているのです。

僕は今でこそ、そういう誘惑には負けなくなりました。なぜなら、**どんなにいい商品だったとしても、生活に必要なモノは既に持っているからです。**第2章でも述べましたが、**僕は「必要なモノ：ないと生活に困るもの」しか買いません。**

「コレ欲しい！」とその瞬間に感じたモノたちは、買わなくても特に生活で困ることはありません。なくてもいつも通り暮らせるのです。

したがって、**衝動に負けそうになったら、一度その場から離れて冷静になるまで時間を置きましょう。身近な人があなたの物欲を刺激してくるなら、その人と距離を置きましょう。**賢く誘惑に打ち勝つ者のみ、資産を順調に増やすことができます。

④安くていい商品を見極めるスキル

買い物のときは、**「いかに安くていい商品を見つけられるか」**という**「目利《めき》き」**も重要になります。高価格帯のモノばかり買えば、お金は一瞬でなくなります。ですが、安いからといって「結局使わなくなるモノ」や「壊れやすいモノ」「機能性が低いモノ」「すぐ飽きそうなモノ」を買っても、安物買いの銭失いになるでしょう。

だからこそ、**できるだけ安く、質の高いモノを見極めるスキルが節約において必要なのです。**僕は必ず、商品に求める最低条件を明確化した上で、該当する商品の選択肢を狭め、安い商品を探していき、それぞれの評価や口コミをチェックして、ゆっくり時間をかけて比較検討を重ねます。これにより、買い物の失敗が格段に減りました。

間違っても、その場の感情で衝動的な買い物をしてはいけません。そのときは大体、企業やお店の戦略にハマり、イマイチなモノを買わされ、無駄遣いになってしまうのがオチです。

⑤自炊スキル

安い食材を使い、時短で簡単に料理するスキルがあれば、食費の節約に大いに役立ちます。食費が高くなりがちな人は自炊スキルがなく、外食が多くなったり惣菜やコンビニ飯が多くなりがちです。

世の中には、「料理するくらいなら、ご飯は外食で済ませて仕事をした方がマシ」という人もいます。もちろん稼げる人はいいでしょう。

ですが、稼ぐことより節約が得意な人もいますよね。**1万円稼ぐのと、自炊して食費を1万円浮かせることは「全く同じ1万円」です。そこに優劣はありません。つまり、節約も立派な副業になるわけです。**もちろん、仕事も料理も両方できるに越したことはありません。

⑥断るスキル

昔の僕は、「行きたくない飲み会」や「行きたくない遊びの誘い」にほとんど参加していました。本当は断りたくても、断る勇気がなかったのです。その結果、お金は全く貯まりませんでした。

「NO」と断れない人は、外食費や交際費が高くなりがちです。したがって、貴重な財産を守るためには「断る勇気」が必要なのです。**嫌なこと、苦手なこと、ストレスになること、身の丈に合わない出費が伴う誘いは、全て断りましょう。**

僕の「行く・行かない」の判断基準は、その人と時間や思い出を共有したいかどうか、成長や学びのチャンスがありそうか、今までにない人生経験になりそうか、予算の範囲で収まりそうか、などで判断します。

⑦等身大で生きるスキル

見栄を張るための買い物をしたり、優越感を味わうためにお金を使うことは節約の大敵で、結果的に大金を失います。僕もかつて見栄を張るために、自分を大きく見せるために何十万円というお金を失いました。

見栄を張ったところで上には上がいるし、人と比べたところで心は貧しくなる一方。しかも、劣等感を強く感じてしまえば、自分が劣っている部分を補うための出費が高くついてしまいます。

だから僕は、見栄を張ることも、自分を大きく見せるためにお金を使うことも、優越感を味わうためにお金を使うこともやめました。ありのままの等身大の自分でいる方が気が楽だし、そんな自分を好きでいてくれる人と一緒にいたい。だから、自分の欠点や弱点を隠すための出費がゼロになりました。

節約の必須スキル

- ▼お金・財産を管理するスキル
- ▼取捨選択のスキル
- ▼誘惑に打ち勝つスキル
- ▼安くていい商品を見極めるスキル
- ▼自炊スキル
- ▼断るスキル
- ▼等身大で生きるスキル

4 無駄遣いを防ぐミニマリストの買い物ルール

ここでは、無駄遣いを防ぐミニマリストの買い物ルールを紹介します。少し極端なものもありますが効果覿面《てきめん》です。

ついついお金を使って貯蓄が全く増えない人は、「お金を使わないための買い物ルール」を作りましょう。ミニマリストは無駄を省くエキスパートですから、きっとミニマリストの買い物ルールが役に立つはずです。

買い物ルール①▼今日明日で使わないモノは買わない

お金が貯まらない原因は、無駄なモノを買っているからです。したがって、**本当に必要なモノだけ買うために、「今日・明日」で使うモノを買うようにしてみてください。**我が家でも、この買い物ルールをずっと採用しています。「もしかしたら1週間後に使うかも」というモノは絶対に買いません。

多少買い物が面倒でも、無駄なモノを買うよりはマシです。買い物のときは、**「今日・明日で使う？」**と自問自答してみると無駄なモノを買わずに済みます。

買い物ルール②▼家にあるモノで代用できるなら買わない

無駄遣いの多い家には、同じようなモノが何個もあります。洋服や靴、傘、食器、文房具、衛生用品、アクセサリー、化粧品、ストックなど、何個も持ちたがるのです。

ですが本来、僕たちが生活する上で必要なモノは少ししかありません。同じモノが何個もなくても、僕たちは十分に暮らしていけます。

すでに十分なモノがあるのに、なぜ新しいモノを買うのでしょうか。**今、家にあるモノが使えるのなら同じモノを増やす必要はありません。次々に同じモノを増やしてしまうのは無駄遣いでしかないのです。**

したがって、買い物のときは家にあるモノで代用できるなら買わないようにしましょう。今日・明日で使うモノで、家にあるモノだと代用が利かない場合のみ購入するのです。

買い物ルール③▼使い切るまで買わない

この大量生産・大量消費の現代では、次々に新しい商品が出てきます。そして多くの人が、今持っているモノを使い切る前に新しい商品に飛びついて買ってしまうのです。

さらに、多くのモノに囲まれて生活することに慣れた人は、「モノがなくなる不安」に怯《おび》え、消耗品を何個もストックしてしまうのです。いつでもモノが手に入る時代なのに、本当に不思議でなりません。**このモノが溢れる世界で、そんなにモノを家に蓄える必要があるのでしょうか？**

我が家では新しい商品に飛びつくこともしないし、消耗品を使い切る前に新しいものを買うことはありません。**必ず今あるモノを使い切ってから、新しいモノを買うようにしています。**

だから我が家では、ほとんどストックも持ちません。「洗濯洗剤がなくなったから明日買っておこう」「トイレットペーパーがあと1ロールだから明日買おう」で十分間に合うのです。

買い物ルール④▼買い物リスト以外のモノは買わない

我が家では必ず買い物に出かける前に、食材や調味料、消耗品など、今日・明日の生活で足りないものを書き出して**「買い物リスト」**を作成します。

これにより、在庫チェックが習慣となって買い忘れもなくなり、無駄遣い防止にもなります。**決して、買い物リストに書いてないモノを買ってはいけません。**なぜなら「今」必要なものではないからです。一定期間保留にしても、生活に困ることはないでしょう。本当に必要なモノだけ買う習慣が節約になるのです。

買い物ルール⑤▼一括で買えないモノは買わない

ローンという仕組みは本当に便利で、たとえ手元に現金がなくても「欲しいもの」が今すぐ簡単に手に入ってしまいます。スマホ・パソコン・タブレットなどの電子機器や家電、自動車、マイホーム、資格などです。

ですが僕は、「一括で買えないものは買わない」と決めています。なぜなら、**借金は「労**

働時間の前借り」であり、利息分の支払いももったいないですし、借金の額が膨れ上がるほど生活が苦しくなるからです。

もしかしたら数年後、病気になったり、収入が半減したり、無職になる可能性もゼロではありません。僕はそのリスクを負ってまで借金をしたいとは思えません。

つまり、「一括で買いたいものかどうか」というのも重要な判断基準になります。正直、スマホなどの電子機器や家電を最新機種にしたいとは思わないし、何百万円もする車を買おうとは思いません。それでもよっぽど手に入れたいモノなら、一括で買えるまで一生懸命働いてお金を貯めればいいのです。

このように、**「一括で買えないモノは買わない」と決めるだけで無駄遣いを防げるだけでなく、身の丈をわきまえることができます。**

買い物ルール⑥▼メンテナンスが必要なモノは買わない

我が家では、メンテナンスが必要なモノは持たないようにしています。なぜなら、**メンテナンスが必要なモノが増えるほど貴重な時間もお金も失われていくからです。**

しかも、僕は「超」がつくほどのズボラなので、メンテナンスグッズがあったところで絶対にやりません（笑）。したがって、**「メンテナンスに時間がかからないモノ」を買うか、「そもそもメンテナンスが不要なモノ」を買うことが賢い選択だと気づきました。**

たとえば、洋服や靴、カバン、マット類、家具、家電、電子機器など、メンテナンスが必要なモノの代表例だと思いますが、あなたはどれだけメンテナンスグッズを持っているでしょうか？　我が家はゼロです。

洋服は、シワになりにくい服、毛玉になりにくい服、ノンアイロンの服、クリーニング不要の服だけ買うようにしています。

靴は丸洗いできるものを買い、カバンに関しては型崩れしない防水・撥水加工生地のリュックサックを買いました。革製品の靴やカバンは買いません。

そして、玄関・トイレ・お風呂場・リビングに敷くようなマット類は、我が家には１枚もありません。コロコロで埃を取ったり、掃除機でゴミを吸い取ったり、洗濯やクリーニングに出す手間を省きたいからです。しかも、購入費用の節約になります。

家具や家電、電子機器に関しても、メンテナンスが面倒だったり、時間がかかりそうなモノは絶対に買いません。

買い物ルール⑦▼大きくて重くて嵩張るモノは買わない

僕たち夫婦は、「大きいモノ」「重いモノ」「嵩張《かさば》るモノ」は買いません。なぜなら、そういったモノたちは購入費用も高くつくし、家賃や収納にもお金が必要だったり、引っ越しや処分費用にもお金が必要になるからです。

つまり、**「大きいモノ」「重いモノ」「嵩張るモノ」をたくさん持つ家ほど、お金を失いやすいのです。**

したがって、僕たちは常に買い物のときに「小さいモノ」「軽いモノ」「薄くて嵩張らないモノ」「処分しやすいモノ」を選ぶようにしています。そうすれば必然的に購入費用は抑えられ、住居費や収納、引っ越しや処分にもお金がかからなくなります。一生涯で考えると、これだけで数十万円、数百万円の節約になります。

買い物ルール⑧▼「買う」と「手放す」は1セット

何度も繰り返しますが、僕たちはすでに生活に必要なモノは揃っています。つまり、**モ**

ノを1つ増やすということは、別の何か1つを使わなくなるということです。

僕たち夫婦は、「1軍：よく使うモノ」と「2軍：たまに使うモノ」しか残しません。したがって、何か持ち物をアップデートさせるときやモノを買い換える際は、「3軍：ほとんど使わないモノ」に降格するモノが必ずあるはずなので、それを手放すようにしています。

これを「1イン1アウト」と言ったりします。「1つモノを買うなら、家にある不要なモノを1つ手放す」というミニマリストらしい買い物ルールです。

モノが多い家であれば、「1イン2アウト」「1イン3アウト」がオススメです。つまり、1つモノを買う場合、家にある不要なモノを2個以上手放さなければなりません。

これにより、家のモノがどんどん減っていくと同時に、あなたにとって大好きなモノや機能性が高いモノだけが残っていきます。部屋が綺麗になって無駄遣いが減り、買い物上手になっていくこと間違いなしです。

買い物ルール⑨▼贅沢品は収納上限を決めて買う

僕たちが生きていく上で必要なモノは少ないですが、人生を楽しむためには心を豊かにするようなモノ、つまりは**「贅沢品（生活に直接必要のないモノ：非生活必需品）」**を持つことも大事だと思います。

たとえば、「思い出のモノ」は生きていく上では不要ですが、定期的に振り返ることで心に栄養を与えてくれるでしょう。そのほかにも、お菓子やお酒、インテリア雑貨や身につけるとテンションの上がる洋服やアクセサリー、リフレッシュするための入浴剤やキャンドルなどです。

これらのモノは、最低限生きる上では「なくてもいいモノ」ですが、人によって「人生を楽しむ」ために必要なモノになるはずです。増えすぎてしまうとお金や時間を失う危険性もあるので、身の丈の範囲内で楽しむようにしましょう。

オススメは収納上限を決めることです。つまり、**収納から溢れる分は買わない、持つ数をあらかじめ決めておくのです。**そうすれば、モノを慎重に選ぶようになって無駄遣いが減り、お気に入りのモノに囲まれる暮らしが実現できるはずです。

ココがポイント!

- 今日・明日で使わないモノは買わない。
- 家にあるモノで代用できるなら買わない。
- 使い切るまで買わない。
- 買い物リスト以外のモノは買わない。
- 一括で買えないモノは買わない。
- メンテナンスが必要なモノは買わない。
- 大きくて重くて嵩張るモノは買わない。
- 「買うと手放す」は1セット。
- 「贅沢品」は収納上限を決めて買う。

第 5 章

「暮らし」を整えると、「お金」も整う（STEP3）

1 不規則な生活をやめて、規則正しい生活をする

規則正しい生活は心と体の健康を保ち、長期的にお金を生み出し続けることを可能にします。つまり、**健康はすべての活動の土台になるわけです。**健康でなければお金を失い、仕事も失い、何もできません。かつての僕がそうでした。

仕事ばかりの生活になっていたときは、睡眠時間を削って仕事をしたり、食事を早く済ませるために外食やコンビニ飯が増え、溜まったストレスは買い物と暴飲暴食、お酒で発散。稼いでも稼いでも支出が増える一方で、お金はほとんど貯まりませんでした。

軽い体調不良くらいであれば無理をして働き、そんな不規則で不摂生な生活を1年間続けた結果、心身ともに限界を迎え、大きく体調を崩して数ヶ月間働けなくなったことがあります。

僕のようにヤワな人は世の中には少ないかもしれませんが、健康でなければお金を稼ぐことも、お金を貯めることもできないと気づいた僕は、規則正しい生活を心がけるようになりました。僕にとって健康でいることは、当たり前のようで当たり前ではないのです。

健康的な生活に変えていくには、コツコツとした習慣の積み重ねが重要です。そして、その習慣の起点となるのは**「プライベート時間の過ごし方」**にあります。十分な睡眠、早寝早起き、健康的な食事、適度な運動習慣、整理整頓、掃除、入浴、全身ストレッチなど、**良い健康習慣の起点はすべてプライベート時間から始まるのです。**

僕が毎日のように行なっている習慣はご覧の通りです。

【僕の規則正しい健康的な習慣】

- 朝は5～6時に起床して朝活をする。
- 毎朝・毎夕に自然の中を散歩する。
- 食事は1日2食（昼・夜）。暴飲暴食しない。
- 炭水化物と脂質は控えめ。野菜と果物は多め。
- 持ち物は不必要に増やさず整理整頓を心がける。
- 毎日、床・トイレ・玄関・風呂・キッチンの掃除を行う。
- 毎日湯船に浸かって疲れを取る。

・毎晩、寝る前に全身のストレッチをする。
・モヤモヤした時は、紙に書き出して思考と感情を整理する。
・遅くても22時に就寝。疲れた日は20時に就寝することも。

規則正しく健康的な生活は毎日の体調を良くし、頭も冴え、仕事のパフォーマンスも良くなります。そして、挑戦や自己成長にも意欲的になれる。だからこそ、**規則正しい健康的な生活習慣は何よりも心地よく、心も満たしてくれました。モノやお酒、暴飲暴食では満たされないものを満たしてくれるのです。**

多くの人間は、疲労やストレスを感じるとお金を使いたくなる生き物です。生きている以上、疲労とストレスは避けられませんが、規則正しい生活を心がけることで毎日の満足感が高くなり、無駄にお金を使わずに済むのです。

ココがポイント!

▼健康はすべての活動の土台になる。
▼健康でなければ、お金は稼げないし貯まらない。

▼規則正しい生活習慣は、健康とお金を生み出す。
▼健康的な生活習慣は、日々の満足感を高くする。

2 家事と育児のミニマル化で時間を生み出す

我が家では、暮らしを整えるために家事や育児のミニマル化を行なって時間を生み出すようにしています。無駄な時間を削りシンプル化することで、「節約」「家計管理」「仕事」に時間を費やせるようになるからです。具体的に、我が家で行なっている家事と育児のミニマル化はご覧の通りです。

［家事と育児のミニマル化］

●床掃除・玄関掃除▼床の上のモノを最少化・軽量化する

・家具は最低限のモノだけにする。
・床の上の置物・敷物・収納は最少化する。
・重くて動かせないモノは床に置かない。
・モノを床の上に出しっぱなしにしない。

●洗濯物・衣替え・メンテナンス▼衣類を減らす

・衣替えをしなくて済むくらい、衣類を減らす。
・洗濯物は「乾燥機付き洗濯機」で全自動化。洗濯物は干さない。
・洋服はすべてハンガーに吊るして収納。畳まない。
・下着や肌着は「吊るすポケット収納」でクルッと丸めて収納。
・洗濯バサミ、物干し竿、ハンガーラック、衣装ダンスは持たない。
・メンテナンスが必要な洋服・スーツ・礼服を最少化する。

●ホコリを溜めない▼書類・布類・電子機器の最少化

・書類・紙類・本などの紙類は電子化する。

・ホコリが溜まりやすい電子機器やケーブル類を最少限にする。
・1年以上使っていないホコリを被った置物・飾り物は処分する。
・ホコリや汚れを溜めやすいマット、人形、クッションは持たない。

●汚れを溜めない▼水回りのモノを最少化

・不衛生なトイレマット、便座カバー、トイレスリッパは持たない。
・汚れやカビの温床になるバスマット、バスチェア、湯桶《ゆおけ》も持たない。
・キッチンに調理器具や調味料を出したままにせず収納し、汚れないようにする。
・水が飛び散る洗面台にモノを出しっぱなしにせず収納にしまう。
・トイレ、お風呂場、キッチン、洗面台は毎日こまめに掃除して衛生的にする。

●料理▼凝った料理を作らない

・毎日の料理は15分ほどで簡単に作れるものだけ（料理の時短）。
・自動調理家電で料理の自動化をする日もある。
・使う調理器具を少なく済ませる（洗い物が減る）。

・どの料理にも合うシンプルな食器を家族人数分だけ持つ（洗い物が減る）。

●買い物▼生活に必要なモノを増やさない

・日用品は定番のものだけ買う（固定化で買い物の時短）。
・家にあるモノで代用できるなら買わない（買い物の時短）。
・ストックは持たない。なくなってから買うか最大1つまで。
・電池交換が必要なモノは極力持たない、買わない。
・メンテナンスが必要なモノも極力持たない、買わない。
・買い物の際は予定外のモノは買わない（買い物は計画的に行う）。
・買い物はキャッシュレス決済のみ（決済の時短）。

●書類整理▼溜めずに即捨てが原則。必要な書類は電子化

・毎日届く郵便物はすぐに捨てる。
・毎年確定申告で必要な書類は綺麗にまとめて収納する。
・保管義務のない書類は全て捨てる（必要であれば電子化して原本は処分）。

・重要な書類データはフォルダごとにわかりやすくまとめる。
・社会保険料や税金の支払いは銀行引き落とし。書類を無駄に増やさない。

●家計管理▼お金の流れをシンプルにする

・決済はクレジットカード１枚のみ。
・銀行口座は３つに絞る（生活防衛資金用・生活費用・投資用）。
・家計簿はスマホアプリで入力する（固定費は自動入力）。
・仕事で必要な振り込みはＡＴＭを使わずスマホアプリで行う。

●育児▼育児用品を最少化

・子ども用のモノは必要な分だけ買う。必要以上に増やし過ぎない。
・子どもの成長と共に不要になったモノは手放す。
・触ると危ないモノや誤飲の恐れがあるモノを最少化する（「ダメ！」を減らす）。
・子どもと出かける際の持ち物（カバンの中身）も最少限に留める。
・子どもが散らかしたモノは１分でリセットする。

3 スマホ時間をミニマル化する

あなたは毎日のように、暇さえあればスマホを開いていないでしょうか。朝起きてすぐスマホをいじり、歯磨き中も、移動中や休憩中も、食事中、トイレ中や入浴中、髪を乾かしながらも、寝る直前にもスマホを触る。そして、通知やバイブ音が聞こえたらすぐにスマホを開く。**そんなあなたは明らかにスマホの奴隷であり、スマホに支配されています。**

僕にも、スマホを1度触ったと思ったらあっという間に30分、60分という時間を浪費してしまった経験が何度もあります。これが毎日積み重なれば、とんでもない時間の浪費です。時間の浪費だけではありません。スマホに支配された生活は、生産性や集中力の低下、目の疲れ、疲労、やる気減退、ストレス、浪費につながります。きっとあなたにも心当たりがあるはずです。

あなたは「暇つぶしでスマホを開くくらい…」と思うかもしれませんが、暇つぶしの時間こそ人生を変える可能性があるのです。つまり、「人生を変えるための活動時間」を全てスマホが奪い去っているわけです。スマホはうまく付き合えば便利なツールですが、使い方を誤れば猛毒になります。

【スマホが猛毒になる理由】

- 誰かの煌《きら》びやかで贅沢な生活に憧れる↓あなたも贅沢したくなる
- 物欲を刺激してくるコンテンツを見る↓無駄遣いしたくなる
- 人と比べて自分の欠点が目立つ↓欠点を補う出費が増える
- SNSを見て時間を浪費する↓節約や仕事に時間を注げなくなる

もしあなたが今日から人生を変えていきたいのなら、次の行動を必ず行い、そして今すぐスマホの電源を切りましょう。

【今日・明日から行うべき行動】

- 使っていないアプリの削除。
- SNSの「フォロー」を整理する。
- 不快に思う投稿を繰り返す人はブロックする。

- 通知もバイブもオフにする。
- 朝起きたらスマホは見ずに、直ぐに身支度をする。
- 返信は朝と夜の2回だけ、制限時間を決めて行う。
- スマホを触るときは目的を明確化して時間制限を設ける。
- ながらでスマホを触らない（電源をオフにする）。
- スマホの電源をオフにして過ごす時間を作る。
- スマホは寝室以外で充電する。
- 寝る1時間前からスマホと離れる。

これは僕が毎日行っていることです。こうして執筆している今も、スマホの電源はオフにしています。あなたも、**今すぐスマホの電源をオフにしましょう。**

なぜここまでするべきなのか。あなたもやってみるとわかるはずです。**スマホと距離を離すことで、有意義な時間が増えるからです。**例えば、僕はスマホ時間を減らしたことで次の時間を増やすことができました。

- 睡眠時間
- 仕事の時間
- 節約に励む時間
- 勉強する時間
- 子どもとの時間（育児や遊ぶ時間）
- 散歩する時間
- 仮眠をとる時間
- 映画を楽しむ時間
- 新しいことに挑戦する時間
- 家族と話をする時間
- 家族と思い出を作る時間
- 何も考えず、ぼーっとする時間（あえて何もしない時間）

もしもあなたが忙しい生活をしていて、毎日心も体も疲れていて、お金も貯まらず、稼ぎも増えず、やりたいことができていないのなら、まずはスマホ時間を減らしましょう。

あなたは「スマホの中」に時間を費やすのではなく、「自分の人生そのもの」に時間とエネルギーを費やすべきです。自分の人生に集中できなければ、人生を変えることはできません。今日からスマホの奴隷を抜け出し、スマホに支配されるのはやめましょう。

ココがポイント!

- ▼スマホが「人生を変えるための活動時間」を奪っている。
- ▼スマホは便利だけど、使い方を誤れば猛毒になる。
- ▼暇つぶし時間こそ、人生を変える可能性を秘めている。
- ▼スマホの電源をオフにして、有意義な時間を増やせ。

4 働き過ぎない／嫌な職場を辞める

資産を増やす上で一生懸命働くことは重要ですが、働き過ぎは余計な出費（ストレス発散や憂《う》さ晴らしのための出費）を増やしてしまいます。**人間はストレスが溜まる環境だと、ついお金を使ってしまうのです。**もちろん、たまにはお金を使ってストレス発散や気分転換も良いでしょう。ただ、こういった出費は貯蓄率を下げてしまうので気をつけてください。**過度の仕事ストレスがある限り、あなたは浪費を止めることはできません。**

もしあなたが「働き過ぎ」や「嫌な仕事」をしていることが原因で浪費が増え、全くお金が貯まらないのであれば改善が必要です。**ただちに、労働時間や仕事内容を見直しましょう。**

このまま無理して働けば、いつか心と体が限界を迎えることになります。精神疾病《しっぺい》を患ったり、体の不調が増え、大きな病気をする人もいます。僕も、働き過ぎる度に難病の潰瘍性大腸炎が再発していました。

一番の理想は、定年を迎える65歳まで元気に健康で長く働き続けることではないでしょうか？一時的にちょっと無理して働くのならまだしも、長期間休みなく働き過ぎたり、ストレスが溜まるだけの嫌な仕事を続けることは、心と体を壊すリスクが伴います。

僕は、「働き過ぎ」と「嫌な仕事」を辞めるために、無駄遣いの見直しをして生活費を下

げることから始めました。なぜなら、もし1ヶ月の生活費が30万円〜40万円と高い場合、「好きな仕事」「やりたい仕事」を諦め、目先の生活費を稼ぐために「嫌だけど稼げる仕事」を選ばなければならないからです。

生活費が月10万円になった僕は無理して働く必要もなくなり、そして月10万円稼げる仕事・働き方は山ほどあります。つまり、僕にとって得意な仕事や好きな仕事が選びやすくなり、自分の好きなように働けるようになったわけです。

仕事を目先のお金で選ばなくなり、自分の好きな仕事・得意な仕事を選んだ結果、仕事ストレスからくる無駄遣いは劇的に減っていきました。もちろん、好きな仕事でもストレスは溜まります。ですが嫌な仕事ほどではありません。

あなたも一度、仕事と真剣に向き合ってみてください。**少ないお金で生活できるようになると、仕事の選び方が変わります。**自分の興味のある仕事に挑戦できたり、自分が得意なことを活かせる仕事に転職できたりと、やりがいや充実感、人の役に立てている実感が持てる仕事を選べるはずです。

自分の仕事に誇りを持ち、やりがいや充実感を感じながら働ける仕事は、「収入」以上に価値のあることではないでしょうか？

ココがポイント!

- 過度の仕事ストレスがある場合、浪費をやめられない。
- 大事なことは、元気に健康で長く働くこと。
- 少ないお金で暮らせると、仕事の選び方が変わる。

5 わざわざ敵を作らない

僕が貧しかった時は、周りの悪口や批判、否定ばかりをして周りを不快にし、自分では何も変わろうとしていませんでした。当然ですが、周りから良く思われることはありません。

そして僕が運よく稼げるようになったときも、**自分の力だけで稼げたと周りに自慢して、持ち物で自分を着飾っては周りを見下して、ライバルたちを蹴落としながら周りの人間を**

踏み台にして自分だけ稼ごうとしていました。本当に今となっては恥ずかしい話であり、酷い人間だったと反省しています。

当たり前ですが、そのような人間性では敵ばかり作ってしまいますし、足の引っ張り合いが始まってしまうのは当然のことです。**これでは自ら人生のハードルを上げにいくようなものです。**自分が頑張って仕事して稼ぎたくても、成果は伸び悩んでしまいますし、そのような逆風の中で頑張ることはストレスが溜まりますから、自然と浪費も増えてしまいます。かつての僕がそうでした。

さらに、僕は根っからの負けず嫌いということもあり、ライバル視した相手に「勝ちたい」「負けたくない」という競争心が芽生えやすく、負けていると悔《くや》しいし、勝っていても追い越されないように必死に努力していました。

もちろん、これで仕事を頑張れたこともあるのですが、**僕はライバルに勝っても負けても、たとえお金が十分に稼げていても精神的にずっとモヤモヤした状態で、いつも「まだまだ」「このままだとダメだ」と不足感を感じ、いつまで経っても幸せとは言えない状態だったのです。**

僕はこのことを疑問に思い、「もっと心穏やかに働きたい」「もっと幸せに働く方法はないのか」と思うようになり、働き方を改めることにしました。

今では、勝ち負けよりも**「自他共栄」**の精神を大事にして働いています。**周りの人間を蹴落とすのではなく、自分だけ儲かろうともしない。協力し合って、自分も相手も共に栄えるために働くようになってから、心穏やかに仕事できるようになりました。**これが継続的に繁栄できる秘訣ではないかと思うのです。

勝ち負けよりも自分と関わる人と共に栄え、自由に穏やかに暮らしたい。きっとあなたも同じではないでしょうか。

だからこそ、僕は次のようなことに気をつけるようになりました。

× 周りの悪口や批判、周りを見下す言葉を口にする。
◎ **協力・応援してくれる人に感謝の気持ちを伝える。**

× 苦手な人との関係を続けてストレスを溜める。
◎ **苦手な人から静かに離れ、気の合う人と一緒に過ごす。**

× 周りに自慢して、傲慢《ごうまん》で横柄《おうへい》な態度をとる。

◎ **謙虚に振る舞う。ギラつかない。**

× 周りを蹴落とそうとする。自分だけ儲かろうとする。

◎ **協力し合って、自他共に栄える関係を築く。**

僕はこのように気をつけるようになったおかげで、応援・協力してくれる人が増え、精神的に穏やかな状態で仕事に励むことができましたし、無駄に敵を作ってストレスで浪費することがなくなりました。

ココがポイント!

▼ わざわざ敵を作って人生のハードルを上げない。
▼ 味方を増やせるように人間性を磨く。
▼ 批判や否定の言葉より、感謝の言葉を口にする。
▼ 自慢せず、謙虚に振る舞う。

周りと協力して、自他共に栄える関係を築いていく。

6

９つの無駄な時間を見直す

日々忙しい生活を送っている人は、今以上に収入を増やそうと思っても難しいでしょう。時間やスケジュールに余裕がなければ、勉強する余裕もありませんし、新しいチャンスが舞い込んできても、今やっていることで手一杯なのでチャンスを掴《つか》む余裕がないのです。

もしあなたが今よりもお金を増やしたいのなら、まずは「お金を増やすための時間」を増やしましょう。あなたにとって無駄だと思う時間を徹底的に削るのです。時間の使い方を改めなければ、お金を増やすチャンスを失ってしまいます。

ここでは、僕があなたに心からオススメしたい「無駄な時間を削るための行動」を９つご紹介します。

①不要な選択で悩まない

あなたは毎日、次のような選択に悩んでいないでしょうか。

[例]

- 毎日のコーディネートで悩む
- 外出時、どのカバンを持って行くか悩む
- カバンの中に何を入れていくか悩む
- どの靴を履くか悩む
- どの食器にご飯を盛り付けるか悩む

毎日のように、「何を使うか」で毎回選択を悩んでいるのであれば、時間を無駄にしています。**モノを減らし、選択肢を減らしましょう。毎日使う物を固定化すれば、不要な選択に悩むことはありません。**

②予定を詰め込みすぎない

あなたは何個も目標を立てたり、休む暇もないくらいスケジュールやタスクを一杯に詰め込んでないでしょうか？

当然ながら、何個も目標を立ててしまえばやることが増え、時間はどんどんなくなっていきます。そして休む暇もないくらいスケジュールやタスクを一杯詰め込んでしまうと、せっかくチャンスが来ても掴み損ねてしまうのです。何でもかんでもやろうとするのはやめましょう。

僕は、目標は最大3つまでと決め、毎日のタスクは午前中に3つ、午後も3つまでと決めています。こうすることで時間にゆとりを持つことができるので、急にやりたいと思っていた仕事の依頼が来ても対応ができるし、自分でチャンスを広げられるような活動に時間を費やすことができるのです。

毎日タスクを書き出す際は、目標達成に必要な、あなたにとって価値が高いものを午前に3つ、午後も3つだけに厳選しましょう。**時間を無駄にせず、でもゆとりを持った時間の使い方をするのです。**

③誘惑になることを断つ

あなたは毎日誘惑に負けて時間を無駄にしていませんか？

［例］

- スマホを開いてダラダラ過ごす
- ゲームをしたり、漫画を読む
- お酒を飲んでダラダラ過ごす
- 友達からの魅力的な遊びの誘い

もしもあなたが毎日やりたいことができていないのなら、目標達成から遠のいているのなら、その原因となる「誘惑」を断つべきです。

④買い物に時間をかけない

あなたは1回の買い物で、どれくらい時間がかかりますか？　ショッピングモールで目的もなく買い物に出かけたり、「欲しい物探し」「便利な物探し」をすれば、平気で1時間、2時間を食い潰してしまいます。

さらに、お店の滞在時間が長くなればなるほど、多くの誘惑があなたに襲いかかってくるので、当然悩む時間も増えるでしょう。悩んだ挙げ句、無駄に疲れ、誘惑に負けて散財してしまった人が多いのではないでしょうか。

僕は第4章で前述した通り、**事前に買い物リストを作成し、目的以外の物は買わないと決めているので、買い物時間は5分もかかりません。そして、あらかじめ「迷ったら買わない」と決めておけば、悩む時間もなくなります。**

⑤朝、ダラダラ過ごさない

あなたは今朝、どうでしたか？　ダラダラ過ごしたり、二度寝して貴重な時間を失っていないでしょうか？

僕は日の出とともに起床し、身支度を5分以内で整え、子どもにご飯を食べさせたらすぐに散歩に出かけます。帰宅後は1日のタスクを確認し、すぐに取り掛かるようにしているので無駄な時間はありません。

このように、**朝早く起きて朝活をすることは生産性を高め、確実にタスクをこなして成果に繋げ、時間に余裕を作るための習慣でもあります。**

⑥クヨクヨ悩まない

クヨクヨ悩み、何もしない時間も無駄でしかありません。僕も落ち込むことはありますが、すぐに**電子ノートを開いて次のことを思いつく限り書き出すようにしています。**

- 起きた出来事
- 今の感情
- 何が不安なのか
- 何が不満なのか
- 今、何を考えているか
- 問題解決のために何ができるか

このようなことを書き出すと、悩みや問題でクヨクヨ悩むことはなくなり、問題解決のための行動が明確になるので時間を有効に使うことができます。

ずっとクヨクヨ悩むくらいなら、すぐに行動に移しましょう。考えてばかりの人生より、前向きに行動する人生にするのです。

⑦面倒くさいことを後回しにしない

あなたは家事や仕事など、面倒くさいことを後回しにしていませんか？　絶対にやらないといけないことを先延ばしにしても、最後の最後には結局やることになります。

何でもかんでも後回しにすれば、つまり、**やがて時間に追われるようになり、イライラして余計に焦ってミスも多くなります。**やるべき時にパパッと用事を済ませたほうが、時間効率は遥《はる》かに良いのです。

僕も、時間に余裕を持ちたいと思うようになってからは、先延ばしにせず計画的に用事を済ませるようになりました。

それでも面倒で動きたくないときのオススメは、**「３秒ルール」**を実行すること。**「やら**

なきゃ」「あ、忘れてた」と思い出したら、多少面倒でも3秒以内に動き出しましょう。3秒以内に動き始めれば、「やらない言い訳」を考える余地を与えず先延ばしを防げます。

⑧即断即決を心掛ける

人生を左右するような大きな決断を除き、友達からの誘いや仕事の依頼など、僕は即断即決するようにしています。悩む時間が無駄だからです。

そもそも**「迷う」という時点で答えは決まっています。**心からやりたいことで、目標達成に必要なことなら迷うことなく即断即決できるでしょう。

だから僕は、気が向かない誘いや仕事の依頼はすぐに断ります。**迷わず行きたい誘いだけ行く。迷わず引き受けたい仕事だけやる。**これで時間を有効に使えます。

節約をして生活費が低くなり、生活をシンプルにしたミニマリストだから成せる技です。余計なことに悩むことがありません。

⑨妬まない。羨まない

今やSNSで、簡単に人と比べることができてしまいます。あなたは画面の向こう側の赤の他人を、妬《ねた》んで羨《うらや》んで、勝手にイライラしたり悩んだりしていませんか？

他人と比べ、妬んでイライラする時間も、羨んでモヤモヤする時間も無駄な時間であることは明白です。自分の人生に集中しましょう。

僕はそういう無駄な時間を最小限にするために、気をつけていることは2つのみ。**妬んでしまう人を視界に入れず自分の人生に集中するか、妬んでしまう人と協力関係を築き仲間に引き込んで共に栄えるかです。**

妬むということは、相手に妬むだけの能力や才能がある証拠です。それを活かさない手はありません。もちろん、自分も相手にメリットを提供する必要がありますが、共に協力する関係を築くことができれば共に栄えることができます。

ココがポイント!

- 不要な選択で悩まない。
- 予定を詰め込みすぎない。
- 誘惑になることを断つ。
- 買い物に時間をかけない。
- 朝、ダラダラ過ごさない。
- クヨクヨ悩まない。
- 面倒くさいことを後回しにしない。
- 即断即決を心掛ける。
- 妬まない。羨まない。

第6章

地に足をつけた
堅実で強い家計に
（STEP4）

1
1日0円生活の楽しみ方

僕が節約を極める上で大事にしているのが「ノーマネーDAY」を増やすこと。**お金を使わない日を増やすことでお金が貯まりやすくなり、お金にまつわる不安が軽減するからです。**

昔の僕は、仕事がある日は当たり前のようにお金を使い、そして仕事が休みの日さえもお金を使う用事しかありませんでした。もちろん、お金を使って気分転換をすることも大事ですが、**世の中にはお金を使わなくても心が満たされたり、リラックスできることはたくさんあるのです。**

たとえば、僕が日常生活の中で0円で楽しんでいることはご覧の通りです。

[例]

- たくさん寝る。
- ベランダに出て太陽光を浴びる。

- 自然の中をゆっくり散歩する。
- 子どもと公園で遊ぶ。
- 家にある食材で料理を楽しむ。
- 家にあるお菓子とコーヒーでまったりする。
- 公共施設を利用する。
- 子どもを連れて実家で遊ぶ。
- 毎日30分以上昼寝する。
- 家族や友達とたくさん話す。
- 神社やお寺に行く。
- 己と向き合う時間を作る。
- ゆっくりお風呂に浸かる。
- 日記や読書を楽しむ。
- 好きなドラマや映画を時間を決めて楽しむ。
- ユーチューブ動画を観て勉強する。
- ベランダに出て夕日を見ながら黄昏《たそが》れる。

・キャンドルを焚《た》いて炎と香りに癒される。
・好きな音楽を聴く。
・体のケアを行う。
・お金の使い道や資産計画を考えてみる。
・興味のある副業にチャレンジしてみる。

このように、お金をかけずとも楽しめることはたくさんあります。**お金をかけずに楽しい時間を1時間でも2時間でも過ごせることは、節約・資産形成においてとても大事なことです。**

あなたも0円で幸せになれること、楽しめることを探してみてください。先ほど挙げたもの以外にも、ガーデニングやカメラを趣味にしたり、近所のコミュニティに参加してみたり、ボランティアに参加したり、掃除が好きな人は家の掃除もいいでしょう。まずは、自分も家族もお金を使わず満たされる習慣を増やしてみてください。

そして、ほかにも僕が「ノーマネーＤＡＹ」を増やすために実践していることがあります。

［例］
・できるだけ疲れを溜めない（疲れると無駄遣いが増える）。
・部屋を綺麗に整える（部屋が汚いと出費が増えがち）。
・実家、友達、ご近所さんのご好意に甘える。
・いつもより消耗品の使用量を半分にしてみる。
・モノを大切に扱い長持ちさせる。頻繁に物を買い替えない。
・ないものねだりせず、今あるものに目を向ける（足るを知る）。
・近所に安い店がないか自分の街を攻略する。
・ベランダ又はレンタルで畑を借りて野菜を育ててみる。

このように、僕たちはお金をかけなくても工夫次第で十分豊かに暮らすことができます。

あなたも今日から「お金を使う幸せ」ばかり追い求めず、お金を使わない生活だからこそ気づける「本当の豊かさ」を実感してみてください。

僕も1日0円で過ごせるように日々模索していると、お金を使うだけでは気づけない「本当の豊かさ」「本来の幸せ」に気づけるので、宝探し感覚で楽しんでいます。

ココがポイント!

- ▼ノーマネーDAYを増やすことでお金が貯まる。
- ▼0円で楽しめることは世の中にたくさんある。
- ▼お金を使わないからこそ気づける「幸せ」「豊かさ」がある。

2 引き算思考で収入を増やす

僕は仕事にもミニマリズムを取り入れたことで、間違いなく収入を増やすことができました。僕が実践して良かった**「仕事×ミニマリズム」**はご覧のとおりです。

①仕事空間に余計なモノは置かない

僕は普段、リビングテーブルでユーチューブ撮影の台本を作成したり、こうして執筆作業を行なっていますが、テーブルの上に余計なモノは何も置きません。

仕事をするときに用意するのは、その時に必要な道具だけ。例えば、こうして執筆しているテーブルの上には、iPadと水の入ったコップのみです。そしてリビングには、仕事の集中を妨げるようなモノは一切ありません。もちろん、スマホは電源をオフにして離れたところで充電しています。

もしも妻と子どもがリビングで遊んでいて、１人で仕事に集中したいときは個室にこもり、何もない部屋で黙々と作業します。**余計なモノも情報もない方が、短時間で集中して仕事を終えることができるからです。余計な情報は、僕たちの行動を鈍らせてしまいます。**

②身軽さは行動力を高め、最強の武器になる

僕は仕事で使う道具にもこだわっていて、とにかくモノは少なく、そして軽さを重要視しています。なぜなら、**仕事道具や荷物を「最少」かつ「最軽量」にすることで、時間を無駄にすることがなくなるし、体力の消耗も軽減するからです。そして必要であれば日本全**

国を飛び回れるし、どこでも身軽に引っ越すことだってできます。

その結果、仕事に費やせる時間も増えるし、そのぶん人より多くの仕事量をこなすことができます。その上、身軽であることによって人よりスピード感を持って仕事に取り掛かれるので、チャンスが来たら誰よりも早く掴みに行けるのです。

僕は天才ではないので、仕事においては**「量とスピード」**が大事だと思っています。野球に例えるなら、ホームランバッターというよりは安打製造機です。僕は、動画1本で何十万回と再生されるようなクリエイティブな才能もないし、1冊何十万部と売れるような文才があるわけでもありません。

だからこそ、とにかく打席に立って小さなヒットをとにかく打つ。**その小さな成功を地道に泥臭く積み上げていくには、フットワークの軽さ、つまりは行動力が命になります。そして、その行動力を高めるには身軽でなければいけないのです。**重い荷物を抱えていては、人並みの行動力しか得られません。「身軽さ」は仕事においても最強の武器になるのです。

③用済みになったモノは処分する

僕は、仕事においても余計なモノを増やさないために、そして残さないために徹底的に手放すようにしています。

たとえば、用済みになった書類やメール、資料もすぐにデータを削除し、受け取った名刺も役目を果たしたらすぐ手放します。なぜなら、**今取り組んでいる目の前の仕事に集中したいからです。余計なモノや情報に、思考も労力も奪われたくないのです。**

既に用が済んだ書類やメール、資料や名刺を残しても、何のお金にもなりません。むしろ収納代や処分費用としてお金が奪われ、片付けや整理整頓の時間を割かなければいけないのです。

なぜ今取り組んでいる仕事に悪影響が出るまで、不要なモノを残すのでしょうか。**僕は物事を複雑化したくありません。常にシンプルでいたいのです。**

④重要なタスクを３つに絞る

お金を稼ぐために、タスクを5個も10個も増やすのは非効率的です。忙しくなる上に、結局どれも中途半端な成果しか得られません。自分にとって無駄が多い仕事は、まったく実にならないだけでなく、成果が実感できないので楽しくないはずです。

したがって、**自分にとって何の仕事が最も重要なのかを理解して、タスクを決めるべきです。一番利益につながる仕事はもちろん、自分が楽しいと思える仕事や、やりがいを感じられる仕事、自分が情熱を持てる仕事にリソースを集中させるのです。**

僕は第5章でも述べたように、午前・午後にそれぞれ3つのタスクに厳選して、ひたすら集中して仕事をこなしています。それ以外の余計なことは何もしません。

これによって仕事の優先順位や重要度も明確になるし、余計なことをせず、3つのタスクに集中するからこそ「やる気」も「集中力」も格段に上がりました。

⑤文章は短く簡潔に

僕は文章においても、できる限り短く簡潔に読みやすくなるように努力しています。なぜなら、**短い文章で内容が相手に伝わるなら、自分にとっても相手にとっても時間の節約**

になるからです。

僕が文章を書く際に考えることは、次の5ステップです。

ステップ１▼今から書く文章で伝えたい内容は何か。
ステップ２▼文章は、結論から書き出す。
ステップ３▼なぜそれが大事なのか理由を添える。
ステップ４▼必要であれば具体例を加える。
ステップ５▼文章を書き終えたら、無駄な言葉や文章を削る。

文章をダラダラ長く書いても、自分が伝えたいことが相手に伝わってなければ何の意味もありません。だからこそ、できる限り短く簡潔な文章にまとめることで作業効率も上がるし、何より文章を受け取った相手に「時間」という最高のプレゼントを渡すことができます。

⑥打ち合わせや相談事は、時間を決めて行う

僕は打ち合わせをするときも、僕が誰かに仕事の相談をさせてもらうときも、**必ず目安の時間を決めてから行うようにしています。**たとえば、「打ち合わせは約30分で終わります」とか、「15分だけ仕事の相談をさせていただけませんか?」とか、「今日の動画撮影は45分で行います」といった感じです。

もちろん時間通りにいかないこともありますが、**あらかじめ時間を決めておくことで無駄な時間を減らそうとする意識が高まるし、自分も相手も予定を立てやすくなります。**何より、僕は「相手の大切な時間を尊重したい」という気持ちも込めて目安時間を伝えるようにしています。

⑦生活費は最小化し、挑戦を最大化する

仕事で成果を残し、実績を積み上げ、収入を増やすためには**「挑戦の数」**が重要です。そして皆さんがご存知のように、挑戦するためには金銭的・精神的余裕が必要です。だか

らこそ、少ないお金で生活するのです。

月10万円で生活できる人と、毎月の生活費が30万円の人では、取れるリスクの大きさも期間も異なります。つまり、生活費を低く抑えることができれば、新しいことに挑戦するハードルが格段に低くなるのです。

たとえば、僕は月10万円生活になったことで２０１７年にユーチューブに挑戦し、２０１７年から２０２４年までの８年間で２２００本以上の動画を作ってきました。

正直、僕にとってユーチューブは今でも未知の世界です。成功法則なんてものはなく、自分で見つけ出すしかありません。**とにかく挑戦の数を最大化して、数字と向き合い、ひたすら数をこなすしかないのです。数をこなせば、どれかは当たります。**

僕がこうしてユーチューブで２２００回以上の挑戦ができたのは、生活費が低いことで精神的・金銭的余裕があったからです。もしも２０１７年、生活費が高くて貯蓄も全く無ければ挑戦しようとも思わなかったし、挑戦したとしても早々に挫折していたでしょう。

ココがポイント!

- ▼作業デスクに余計なモノは置かない。
- ▼身軽さは行動力を高め、最強の武器になる。
- ▼用済みになったモノは処分する。
- ▼重要なタスクを3つに絞る。
- ▼文章は短く簡潔に。
- ▼打ち合わせや相談事は、時間を決めて行う。
- ▼生活費は最小化し、挑戦を最大化する。

3 お金の防御力を高める

節約や仕事、投資で順調に資産が増えてきたときは、油断せずにお金の防御力を高める必要があります。

収入が増えたり資産が順調に増えてくると、周りに自慢したり、身近な友達や知り合いにお金の話をついついしてしまう人も少なくありません。**よっぽど信頼している家族や友達ならともかく、自分の収入や資産のこと、儲け話、買い物自慢などを周りに話すことはオススメしません。**理由はご覧のとおりです。

理由①▼お金を使わせようとする人が増える

お金を持っていることを公言してしまうと、友達に「食事のご馳走」や「プレゼント」をねだられたり、お金のかかる遊びに誘われたり、お金を借りたい人から相談のＬＩＮＥや電話が来たり、怪しい営業や勧誘も間違いなく増えるからです。

お金を守る防御力が既に高い人なら大丈夫だと思いますが、お金が増えたからといって気が緩んでしまうと、大金を失う可能性があるので注意が必要です。

理由②▼詐欺・窃盗・強盗に巻き込まれる

２０２４年、ほとんどニュースを見ない僕でも衝撃的だったのが、関東圏で立て続けに起きた闇バイトによる強盗事件です。

今や日本といえど、少し物騒な事件が増えてきたように思います。高価なモノを身につけたり、家に高価なモノがあることが周りにバレてしまうと、詐欺《さぎ》・窃盗《せっとう》・強盗などの事件に巻き込まれるリスクが高まるので気をつけた方がいいでしょう。

それに、あまり高価なモノを持ちすぎると、人は危機意識から防犯費用まで出費が嵩んでしまうので余計な心配も増えてしまいます。

理由③▼お金持ち自慢は人を不快にする

お金持ち自慢やマウントは、高確率で人を不快にするので人間関係を悪くするし、嫉妬の対象になりトラブルに巻き込まれるリスクが高まります。

不必要に周りから嫌われてしまうと仕事に悪影響が出たり、協力してくれる友達や仲間も減ってしまいます。最悪の場合、転職や引っ越しをせざるを得なくなることもあるでしょう。

僕も、収入や資産が増えるようになって「お金を失う恐怖」と「家族が事件に巻き込まれてしまうかも」と怖くなったことがあります。

２０１７年から２０２３年までは顔を出してユーチューブで発信活動をしていたのですが、０歳の子どもを預けている保育園の園長先生が僕のことを知っていたり（僕や家族の本名・住所・顔もバレる）、家族３人で友達２人を最寄駅で待っているときに視聴者さんに声をかけられたり（危うく住所がバレそうになる）、駅員や警察官、訪れるお店のスタッフの方々に声をかけられるようになりました。

もちろんありがたいことではあるし、皆さん優しい方々だったのが救いでしたが、それと同時に少し怖いと感じました。

日本は海外に比べて治安がいいと言われても、自分や家族が詐欺・窃盗・強盗・トラブルに遭う可能性はゼロではありません。

自分でも少し怖がりすぎなところもあると思うのですが、わざわざリスクを冒してまで

お金の話を大っぴらにすべきでないと心改めることにしました。

僕の実体験は少し特殊だと思いますが、もしもあなたが順調に資産を増やすことができたのなら、大事な家族と資産を守るための防御力も高めていきましょう。

僕がお金の防御力を高めるために実践していることはご覧の通りです。

[例]

- 資産を持ってることを知人・友人・親戚に公言しない。
- 持ち物や身なりでお金持ちアピールしない（派手な格好をしない）。
- 車は持たないか、大衆車を選ぶ。
- 住む家を控え目にする（築古賃貸物件や中古住宅）。
- 治安の悪い場所には住まない。
- 簡単に個人情報（職業や住所、電話番号）を伝えない。
- 関係値の低い人を家に招かない。
- 贅沢な生活をSNSで見せびらかさない（派手に暮らさない）。
- 盗まれて困るような高価なモノは極力持たない。

・事故に遭わないよう運転に気をつける。
・クレジットカードをナンバーレスにする。
・新しい人間関係には慎重になる。簡単に人を信用しない。
・SNSで顔出しすることはリスクがあることを理解する。
・簡単に人の儲け話に乗らない。
・高額の買い物をするときは相場と口コミを念入りに調べる。
・公の場でお金の話題を避ける。
・子どもに家の経済状況を話す際は慎重に。
・質素に慎ましく暮らす。謙虚に誠実に振る舞う。

最後に伝えたいことは、**お金や資産というのは、周りに見せびらかして優越感を得るためのものではありません。自分や家族が安心安全に暮らすためであり、自由に暮らすためのものです。**

もしもあなたが危険を冒して、お金や資産を持っていることが周りに知れ渡ってしまえば、その安心感と自由を失ってしまう可能性があるので気をつけましょう。

ココがポイント!

▼お金を持っている自慢はリスクを伴う。
▼富を得たら尚更、身なりや言動に気をつける。
▼お金を持っていることを周りに見せびらかさない。
▼お金は「安心安全」と「自由」のために増やす。

4 株式投資は全世界(オルカン)1本で十分

生活費3ヶ月~2年分の生活防衛資金が貯まったら、NISAとiDeCoという制度を使って資産を増やしていきましょう。

第1章でも述べましたが、我が家も**楽天証券**というネット証券で証券口座を開設し、NISAでは**「eMAXIS Slim全世界株式(オール・カントリー:通称オルカン)」**に、iDeCo

では**「楽天・全世界株式インデックス・ファンド」**に長期投資しています。

「投資なんて怖い！」と思う方もいらっしゃると思いますが、**「全世界株式のインデックスファンド」**がオススメな理由を簡潔にまとめると次の通りです。

- **低コスト**：運用コストが安く、利益を削りにくい。
- **幅広い分散投資**：世界中の先進国・新興国の株式に投資できる。
- **シンプルな運用**：たった１本で全世界の株式に自動で分散投資が可能。
- **管理の手間がない**：地域や国の比率が自動で調整されるので手間要らず。
- **長期投資に最適**：世界経済の成長を幅広く取り込める。
- **過去データに基づく安心感**：歴史的に見ても株式市場全体は長期的に成長。
- **相場予測が不要**：市場平均を受け入れる投資スタイルなので予想が不要。
- **感情に左右されにくい**：市場全体に投資するので「ほったらかし」が基本。
- **資産形成に適した商品**：税制優遇制度（NISAやiDeCo）との相性もいい。
- **投資戦略がシンプル**：目標金額・期間・積立額・資産配分だけ考えればいい。
- **出口戦略もシンプル**：全世界株式１本だけなので売却する際もシンプル。

・**初心者に最適**：以上の理由により、投資初心者に最適と言える。

これらの特徴により、特に**「eMAXIS Slim全世界株式（オール・カントリー）」**は、投資初心者から上級者まで幅広い投資家に支持されています。**とにかく手軽で効率的に全世界の成長に投資できるのが最大の魅力です。**僕もオルカンであれば、売らずに10年後も30年後も長期保有できそうだと思い、この金融商品を選びました。

もちろん投資は自己責任になりますので、**始める際はインデックス投資にまつわる書籍を最低でも3冊読むことを強くオススメします**（※本書では簡潔にまとめる形にとどめています）。

僕も最初、投資に関しては無知で怖いと思っていたので、理解を深めるために**インデックス投資に関する本を10冊読みました。**10冊読んでみて、どの本も言っている内容がほとんど同じだったので、僕は重い腰を上げて投資を始めることができたのです。

「自分が知らないものには投資しない。自分が理解しているものだけに投資する」というのも大事な投資の鉄則なので、投資初心者の方は必ずインデックス投資への理解を深めてから始めましょう。

僕は今までに18冊の投資本を読んできましたが、その中で投資初心者にオススメの3冊を載せておきますので是非読んでみてください。

［インデックス投資の理解を深めるオススメの書籍］

①はじめての人のための３０００円投資生活　新NISA対応版（横山光昭著、株式会社アスコム）

- 投資に対する不安を和らげ、ハードルを下げてくれた。
- 少額から始めれば投資は怖くない。
- 投資を始める勇気とキッカケをくれた本。
- 投資の基本と実例について学べた。

②改訂版　お金は寝かせて増やしなさい（水瀬ケンイチ著、フォレスト出版株式会社）

- インデックス投資の魅力が１冊に詰まっている本。
- インデックス投資の実践方法を詳しく学べた。
- お金を寝かせて増やす意味が理解できた。

③全面改訂版　第3版　ほったらかし投資術（山崎元・水瀬ケンイチ著、朝日新聞出版）

- 全世界株式のインデックスファンド１本で十分だと思えた本。
- シンプルな投資（複雑化しない投資）が一番！
- 他の金融商品に目移りしなくなった。
- ほったらかしで投資するための術を学べた。

本書と共にオススメ投資本の3冊を読めば、インデックスファンドへの理解が深まり、投資の基本が学べるはずです。投資への恐怖心を和らげ、毎月淡々と全世界株式インデックスファンドにお金を回していけば、10年後、20年後、30年後には資産を増やすことができるでしょう。

特に投資初心者は、投資に手間がかからず日常生活を自由に楽しめる投資スタイルがオススメです。手間がかからないぶん、自由時間がたっぷり確保できます。家計を見直したり、仕事に打ち込むもよし、趣味に没頭するのもいいと思います。とにかく、**資産形成にかける手間とコストを節約して、「人生をより良くすること」「生活を充実させること」に時間とエネルギーを注ぎましょう。**

そのために、あなたにも参考にしてもらいたい**「オルカン投資の10の基本ルール」**を最後にお伝えしたいと思います。これは、僕が余裕を持って投資を継続するために大事にしている投資ルールです。

【オルカン投資の10の基本ルール】

①生活防衛資金を確保し、投資は必ず余裕資金で行う。
②相場は読まず、淡々と毎月一定額を積み立てる（ドルコスト平均法）。
③相場が好調でも欲をかかず、淡々と一定額を積み立てる。
④相場が不調でも不安にならず、淡々と一定額を積み立てる。
⑤現金に余裕がある（ない）なら、毎月の積立額を増やす（減らす）。
⑥暴落が来ても安心して投資を継続できる資産配分にする。
⑦投資リターンの期待値を上げすぎない（平均利回り5％を想定）。
⑧相場が好調なときは、資産が増えるのを楽しむ。
⑨相場が不調なときは、安く買えることを楽しむ。

⑩無理せず焦らず、細く長く投資を続けること。

オルカン投資は、暴落時にどれだけ売らずに耐えられるか（長期保有できるか）が肝心です。無理せず手堅く投資を継続できれば、きっと10年後、20年後、30年後にその努力が報われる日が来るでしょう。あなたの目標資産額まで、コツコツ投資してみてください。

ココがポイント!

- 投資はシンプルが１番（複雑化しない）。
- 自分が理解してないものに投資しない。
- インデックス投資に関する本を最低でも３冊読む。
- まずは少額から始めてみる。
- 資産形成にかける手間とコストを節約して自由を楽しむ。
- 「オルカン投資の10の基本ルール」を守って投資をする。
- 目標資産額までコツコツ投資しましょう！

5 富と幸せのバランスを考える

この章の最後に、あなたに**「富と幸せのバランス」**について考えてもらいたいと思います。

あなたは、このような経験がないでしょうか？

- 節約を頑張りすぎて心が貧しくなってしまった。
- 貯蓄を増やすために仕事を頑張りすぎてしんどい。
- 投資にお金を回しすぎて、今を楽しめていない気がする。
- 資産は増えたけど、仲の良かった友達と疎遠になった。
- ケチになりすぎて、家族とお金にまつわる喧嘩が増えた。
- 資産額は増えたのに、思ったより幸福感が少ない。
- 仕事も頑張りたいけど、家族との時間も作りたくて葛藤する。

このように、**資産形成のために節約や仕事、投資を頑張ろうとすると、「幸せ」から遠**

のくようなジレンマを実感することがあります。

もちろん、資産が増えることで人生の可能性も広がるし、安心感も増すのですが、「資産の増加＝幸せ」と盲信するのは注意が必要です。

僕にもそういう時期があり、資産は順調に増えているけど、お金の価値観の違いで家族との喧嘩が増えたり、友達と疎遠になったり、仕事を頑張りすぎてしんどかったり、旅行や趣味の時間がなくなって心の豊かさを失ったこともありました。

僕がこの経験からあなたに伝えたいことは、確かに**「将来のために資産を築くこと」は大事ですが、その一方で「今を幸せに生きること」も重要だということです。**僕は、常々「自分の幸せ」「家族との幸せ」について考えるようにしています。

あなたも今一度、「幸せ」について考えてみてください。そして、あなたにとっての幸せとは何でしょうか？　幸せな状態とは、どんな状態でしょうか？

［例］

- 健康でいること。
- 毎日8時間寝る。
- 家族が元気でいてくれること。
- 働きすぎない生活。

- 子どもや妻（夫）が笑顔でいること。
- 経済的な不安がないこと。
- 生活費が低く、少しの労働でも暮らせる状況。
- 十分な資産があること。
- のんびり暮らせること。
- ストレスが少ない生活。
- 仕事のやりがいや充実感を感じる。
- 自分の好きなように働く。
- 定期的に友達に会って遊ぶ。
- 毎日家族と一緒にご飯を食べる。
- 趣味の時間を楽しむ。
- 定期的に家族と旅行を楽しむ。

きっと、他にもあるでしょう。つまり、**幸せを手にするには「資産の増加」だけではないはずです。今一度、「何のための資産形成なのか」を再確認しましょう。**

僕は、「自分や家族の幸せ」と「将来への備え」のバランスを取りながら、目標資産額を修正することもあるし、仕事量や節約の度合いを調整したり、毎年資産計画を考えたりしています。

無理に資産を築こうとすれば、必ず何かを犠牲にしなければなりません。すると、お金よりも大事なはずの家族や友達が離れてしまったり、健康を害してしまうこともあるし、心を満たしてくれる趣味の時間まで失ってしまうことがあるので注意してください。**資産**

形成を焦るほど、大事なものを失うリスクが高くなってしまいます。

その上、焦れば焦るほどハイリスクの金融商品に手を出して大金を失ったり、リスクの高い投資方法で大損してしまうこともあり得ます。貴重な資産を失っては本末転倒です。

だからこそ、**焦って資産形成をすることがないように、自分や家族にとっての「幸せの形」を明確にしておくことが重要です。焦らずじっくり富を築いていけば大丈夫です。**ほどよく資産形成にお金を回しながら、心満たされるライフスタイルに近づけていきましょう。そうすれば、資産形成の過程も楽しむことができるはずです。

ココがポイント!

- 資産形成を焦るほど、大事なものを失うリスクがある。
- 「将来の備え」と「今の幸せ」のバランスを取る。
- 自分や家族にとっての幸せの定義を明確にする。
- 今、幸せになれることにもお金を使う。
- 資産形成の過程も楽しむことが大事。

エピローグ

本書を最後まで読んでいただき、ありがとうございます。僕が2015年にミニマリスト生活を始め、2024年までの10年間で着々と資産を増やしてこれたのは、地に足をつけた堅実で強い家計にできたからだと思っています。少しでも僕の経験談が皆様のお役に立てていれば幸いです。

こうして10年間を振り返ってみると、「ミニマリスト×インデックス投資」は最強のライフスタイルだったと心の底から実感しています。たとえ収入が少なくても、子どもがいる家庭でも、資産が増えやすい家計体質になるからです。

最後に本書のまとめとして、あなたに伝えたいことが3つあります。

①ミニマルに生きれば人生の可能性が広がる

「モノが少ない暮らし」「モノを極力買わない暮らし」を完璧に実現できる人は多くないか

もしれません。

ですが、**僕が目指すのは「自分が望まないもの」を極力排除して、「望むもの」だけ実行できるようになることです。**「モノ」はそれを実行するための手段に過ぎません。

たとえば、幸せになりたい人であれば「幸せを阻害するもの」を手放す。お金を貯めたければ「貯蓄を阻害するもの」を手放す。自分の成長を望む人は「成長を阻害するもの」を手放す。何かの目標を叶えたい人であれば「目標の達成を阻害するもの」を手放すのです。

つまり、**自分が目指す理想の人生にとって障害になるもの、足枷《あしかせ》になるもの、いらないものを排除することで、その目標が叶いやすくなるのが「ミニマリスト」という生き方なのです。**

「モノが少ない暮らしは無理!」「モノを買わない生活なんてあり得ない!」とはじめから諦めるのではなく、「あなたが望まないこと」を手放していきましょう。

ミニマルに生きることで、人生の可能性が無限大に広がっていきます。人生から余計な選択肢が消え、無駄なところに時間・お金・思考・エネルギーを使わなくなるからです。

早速、この本を読み終えたら「あなたは人生に何を望み、何を望まないのか」を考えてみてください。

②総資産額は自分の戦闘力になる

僕は**「総資産額＝自分の戦闘力」**だと思っています。「お金を貯める・増やす」というのも1つの才能・能力であり、「資産を○○万円に増やせた」というのも立派な経験であり実績だと思うのです。しかも、自信にもなります。

資産1000万円→3000万円→5000万円と大台を突破した人ならわかると思いますが、**資産があることで人生に余裕が生まれ、可能性も大きく広がります。**仕事や働き方、行動力、決断力、時間の使い方、お金の使い方、心の余裕、老後への向き合い方、人との接し方、人生の目標も、まるで変わるのです。

したがって、**資産額が増えれば増えるほど、自分の人生を自分でコントロールしている感覚が強くなっていきます。**これが、僕が「総資産＝自分の戦闘力」と思う所以《ゆえん》です。

③資産額＝(収入－支出)＋貯蓄額×運用利回り

資産形成の結論を一言でまとめると、**「より多くのお金を稼ぎ、より少ないお金で小さ**

す。

く暮らし、より多くのお金を全世界株式のインデックス投資に回す」ということになりま

資産が増える仕組みは至って簡単。**「資産額＝（収入－支出）＋貯蓄額×運用利回り」**で表すことができます。全世界株式のインデックス投資は平均利回り3〜7％ですから、あとは**今より収入を上げるか、今より支出を下げるか、今より投資額を増やすか、やるべきことはシンプルにこれだけです。**

これをひたすら毎月毎月、毎年毎年繰り返すだけ。資産形成とはとてもシンプルなのです。

本書を通じて、あなたにも「ミニマリスト×資産形成」の魅力が伝わってくれたら、僕は大変嬉しく思います。

そして、あなたのこれからの人生が、より身軽で、より自由で、より豊かになることを心から願っています。

ミニマリスト Takeru

(※ 1)
ユーチューブチャンネル「Minimalist Takeru」
https://www.youtube.com/MinimalistTakeru

ミニマリストTakeru（みにまりすと・たける）

1991年生まれ。東京都八王子出身。2歳の時に両親が離婚し、母子家庭で新潟県長岡市で育つ。2015年（24歳：社会人2年目）、難病の潰瘍性大腸炎が再発して失業。1年間の自宅療養で貯金ゼロ・借金生活の人生どん底を経験。人生の転機となったのは「ミニマリスト」になってから。本当の幸せとは何かを模索し、「少ないモノで、質素に自由に暮らすことが豊かなこと」だと気づく。所有物の99%を捨てて人生を一度リセットし、月10万円で生活。2017年（26歳）から始めたYouTube活動が徐々に軌道に乗り（月間 260万PV）、貯蓄はさらに加速（貯蓄率90%）。30代でFIRE（経済的自立）を達成。書籍も累計 5冊出版。現在もYouTube活動や書籍出版を通じてミニマリスト生活の魅力や可能性を広める活動を行なっている。

お金《かね》の増《ふ》え方《かた》は９割部屋《わりへや》で決《き》まる
人生《じんせい》を豊《ゆた》かにするミニマリスト思考《しこう》

2025年5月 2 日　初版発行
2025年6月25日　3刷発行

著　者　　ミニマリストTakeru
発行者　　和田智明
発行所　　株式会社　ぱる出版

〒160-0011　東京都新宿区若葉1-9-16
03(3353)2835－代表
03(3353)2826－FAX
印刷・製本　中央精版印刷(株)
本書籍に関するお問い合わせ、ご連絡は下記にて承ります。
https://www.pal-pub.jp/contact

ISBN978-4-8272-1502-1　C0034